Ⓢ新潮新書

太田 肇
OHTA Hajime

「承認欲求」の呪縛

800

新潮社

まえがき

「承認欲求《しょうにんよっきゅう》」という言葉が最近、ちょっとした流行語になっている。しかし残念ながら、あまりよくない意味で使われているようだ。

インスタグラムやツイッター、フェイスブックで私生活をやたらと公開したり、実態以上に美化して（盛って）見せびらかせたりする人。高速道路を二八〇キロで暴走する動画をネットにアップして書類送検されたケースや、アルバイトが店の冷蔵庫に入った写真を投稿し、そのコンビニが閉店に追い込まれたこともあった。

他人の話はろくに聞こうとせず、自分のことばかり話したがる人や、つねに周囲から注目されていないとがまんできない「かまってちゃん」も身近にいる。

いずれも承認欲求が強すぎるせいだ、と世間から冷ややかにみられる。

一方では、自分の心のなかに潜む承認欲求の存在に気づき、どう扱ってよいか戸惑う人も増えているようだ。秋葉原通り魔事件から一〇年たったいまでも、ネット上には孤独な心境を綴って殺人に及んだ加藤智大《ともひろ》死刑囚に共感する書き込みが絶えないという。

　有名な心理学者、A・H・マズローの欲求階層説で知られているように、承認欲求は本来、人間の正常な欲求の一つである。マズローによれば承認欲求は「尊敬・自尊の欲求」とも呼ばれ、他人から認められたい、自分が価値のある存在だと認めたいという欲求である（マズロー　一九七一など）。承認欲求があるからこそ人間は努力するし、健全に成長していくといっても過言ではない。また、ほかの人と協力したり、助け合ったりする動機も承認欲求から生まれることが多い。

　私は二〇年以上前からこの承認欲求に注目し、それが人間にとっていかに重要か、どれだけ強力なものかを、数々の事例や実証研究によって明らかにしてきた。その承認欲求が近年、思わぬ形で世間の関心を集めるようになったのだ。

　ところが承認欲求には、これまで指摘されてきたのとはまったく異質な問題があり、とくにそれがわが国の特殊性と密接に結びついていることがわかってきた。それは注目されるための自己顕示や乱行などより、ある意味でもっと危険で、いっそう深刻な影響をもたらす。にもかかわらず周囲も、本人もそれが承認欲求のなせる業《わざ》だということに気づかない。

スポーツ界で次々と発覚した、暴力やパワハラ。
社会問題化している、イジメや引きこもり。
官僚による公文書改ざんや事実の隠蔽《いんぺい》。
日本を代表する企業で続発する、検査データの捏造《ねつぞう》や不正会計などの不祥事。
電通事件をきっかけに、あらためて深刻さが浮き彫りになった過労自殺や過労死。
掛け声だけで、なかなか進まない「働き方改革」。

これらの問題の背後に隠れているのは「承認欲求の呪縛《じゅばく》」である。それが水面下でじわじわと増殖し、いよいよわが国の組織や社会に重大な影響をもたらすようになったのである。

私がはじめてこの問題に気づいたのは、大学院生を指導していたときである。ある院生はコツコツと研究した成果を教員たちの前で発表し、高い評価を得て、さらなる研究の発展を期待された矢先、突然大学に退学届を提出し、それきり大学へ来なくなってしまった。別の院生は抜群の成績で博士課程への進学が決まっていたにもかかわらず、家で自室に閉じこもり、家族とも口を利《き》かなくなったという。ほかにも似たようなケースがあいついだのである（※いずれも本人が特定されないよう、事実に多少の修正を加えている）。

当初は特異な事例かと思っていたが、後になって同じような現象が企業や役所でもしばしば起きていることを知った。

さらに、たまたま訪ねた会社で次のような話も耳にした。あるとき社長が工場へ視察に訪れ、工作機械を巧みに操作する若手社員の仕事ぶりをほめたたえた。そして、別れぎわに「期待しているから頼むよ」といいながら彼の肩をポンと軽くたたいた。以来、同僚からも注目されるようになった彼は、だれよりも早く出勤し、準備万端整えて仕事に取りかかった。ところが彼も、やがてメンタルの不調を訴え、休職に追い込まれていったという。

繰り返しになるが、これらが例外的なケースではないことを強調しておきたい。それどころか、一定の条件がそろったときには、かなりの確率で発生することがわかってきた。しかも「病」が重症化するケースが明らかに増えているようだ。私は精神科医ではないが、組織や社会を研究する者として見過ごせない現象である。

そして、それがある一線を越えたとき、先に掲げたような事件や深刻な社会問題を引き起こす。

人は認められれば認められるほど、それにとらわれるようになる。世間から認められたい、評価されたいと思い続けてきた人が念願叶って認められたとたん、一転して承認の重圧に苦しむ。

スリムなボディを自慢したくてSNSにアップしたところ、「いいね！」をたくさんもらった。それからは期待を裏切らないためダイエットがやめられなくなり、摂食障害に陥ったという女性が実は少なくないそうだ。冒頭の「二八〇キロ暴走男性」も、過去に何度も暴走する動画をアップしていたといわれる。おそらく最初はただ自慢したかったのが、やがてそこに「期待に応えなければ」という意識が加わり、暴走をエスカレートさせたのだろう。

厄介《やっかい》なのは認められたい、評価されたいと意識していない人もまた、この「病」と無縁ではないことだ。

いまや日本人の六割が利用しているSNSだが、最初は軽い気持ちで利用していたものの、気がついたら他人の評価が負担になっていたというケースは多い。私がインターネットでアンケートを行ったところ、利用者の過半数が他人から「認めてもらわなければいけない」と思いながら書き込むことがあると答えた。それが高じるとどうなるかは容易に想像がつく。

落とし穴は実生活の身近なところにもたくさん隠されている。だれでも、たまたま周りの人からほめられると、それがきっかけで知らず知らずのうちに自分を見失い、周りが期待する方向へなびいていくことがある。また、他人からの評価に無頓着《むとんちゃく》な人でも、気づいたら心のなかに潜んでいた承認欲求に縛られ、悩み、苦しんでいる場合がある。

部員の支持を得て運動部の主将に選ばれた学生が、部員への気遣いに疲れ果て、部活や勉強に対する気力を失ってしまった例。会社幹部の眼鏡にかなっていきなり出世コースに乗った社員が、幹部の期待を裏切って出世コースから外れることをだれよりも恐れるようになり、うつ状態に陥ったという例。入院患者からの感謝を働きがいにしていた看護師が、患者から浴びせられた冷たいひと言がきっかけで働く意欲をなくし、辞めていったケース。

このように承認によって得られたプラスの効果が、あるきっかけでそのままマイナスに転化していくのだ。まさに「山高ければ谷深し」である。

そもそも承認は、相手の意思によるものである。自分がいくら認められたいと思っても、いくら努力しても、相手が認めてくれなければ承認欲求は満たされない。そして、いくら大きな権力や経済力があっても、力ずくで承認を引き出すことはできない。逆に自分が望まなくても、相手から一方的に承認される場合もある。それだけ他人に依存する欲求なのである。とりわけ人間関係が濃密で、人々の共有する「空気」が濃《こ》い日本の組織・社会では、呪縛もいっそう強くなる。

その意味からすると「承認欲求の呪縛」は「日本の風土病」だといえるかもしれない。しかも、近年になって流行が広がっているようにみえる。

ところが困ったことに、「承認欲求の呪縛」に陥っていても、それに気づかない、あるいは気づいていても認めようとしないケースが多い。組織や社会のリーダー、研究者たちも、この問題とまともに向き合ってこなかった。

そのため実際は呪縛に陥っているにもかかわらず、「恥」や「面子《めんつ》」「意地」などのなかに含められたり、「責任感」や「使命感」といったきれいな言葉に置き換えられたりする。だからこそ正体がなかなか見えてこないし、対策も打たれない。その間に「病」

はじわじわと進行し、人間を、そして組織や社会を蝕む。

冷静に分析してみると、「承認欲求の呪縛」は驚くほど多くの場面で起きていること、しかも多くの社会問題とかかわっていることがわかる。

本書では「承認欲求の呪縛」が私たちの仕事や生活のなかにどれだけ広く、深く根を張っているか、いかにそれが危険なものかを明らかにしていきたい。そのうえで相手を呪縛しないために、また自分が呪縛に陥らないためにどうすればよいかを述べようと思う。

親は子に、教師は生徒に、上司は部下に対し、よかれと思って行ったことが結果的に相手を呪縛していないか、冷静に振り返ってもらいたい。経営者や政策づくりを担う人は、知らず知らずのうちに善良な人々を呪縛に陥れる日本型システムの見直しに取り組んでほしい。そして立場とは関係なく、だれもが呪縛によって不幸に転落するリスクを背負って生きていることを知るとともに、取り返しのつかない事態へ発展する前に手を打ってほしい。

「承認欲求」という人の心のなかに潜む〝モンスター〟。その正体を明らかにし、制御する方法を考えよう。

「承認欲求」の呪縛 ∞ 目次

第一章　「承認欲求」最強説

「承認欲求」という言葉が世間に流布《るふ》するようになった。おそらく言葉の知名度は、数年前と比べ桁違いに高まっているはずだ。念のため「承認欲求」をグーグルで検索してみると、八五〇万件もヒットした。ちなみにこの数字は、一昨年（二〇一七年）度の流行語大賞を受賞した「忖度《そんたく》」などをはるかに凌駕《りょうが》する。しかし最近まで、承認欲求という言葉を知らなかった人は少なくないだろうし、いまでも「承認」といえば、条約の承認か休暇の承認くらいしか思い浮かばないという人もいる。

　そもそも承認欲求は、社会科学の世界でもあまり注目されてこなかった。きれいな響きのある自己実現欲求、達成欲求などが広く人口に膾炙《かいしゃ》されたのとは対照的だ。けれども実際はきわめて重要な欲求であり、人間の意欲（やる気）の源泉として、また行動や成長の原動力としてとてつもなく大きな役割を果たしている。

そして組織や社会は、人々の承認欲求から生まれる意欲や努力の恩恵を受けて発展し、繁栄を遂げている。大げさに聞こえるかもしれないが、人間の承認欲求なくして、組織も社会も成り立たないのが現実なのである。

本書の目的は、承認欲求が人間にとってどれだけ大切か、組織や社会にどれだけの恩恵をもたらしているかを述べることではない。むしろ隠れたその危険性、弊害をあぶり出して対策を講じることに主眼を置いている。

しかし、そうした承認欲求の「影」の濃さを浮き彫りにするためには「光」の明るさを感じておかなければならない。「谷」の深さを知るためには、「山」の高さを測っておく必要がある。実際、後ほど述べるように承認欲求による呪縛は、認められることによって得られるさまざまな効用と深く関係している。いわば「合わせ鏡」のようなものである。

そこで、この章ではまず私がこれまで行ってきた研究のなかから、「光」や「山」の部分、すなわち承認欲求がどれだけ強い力で人を動かすか、承認欲求を満たすことにはどんなよい効果があるかを紹介する。次に、なぜ承認欲求がそれだけ強力なのかを説明する。そして最後に、次章へつなげるため承認欲求には「影」や「谷」の部分があることを指摘しておきたい。

一　人は認められると、これだけ変わる

一輪の花が新人を変えた

最初に、私が聞いた話を紹介しよう。

地方の生活協同組合に新卒で採用されたある女子職員は、何か月たっても仕事に自信がもてない。神経質なのか、自分に厳しすぎるためか、ちょっとでもうまくいかないことがあると、そのたびに泣きながら上司に、「もう仕事を辞めたい」とうったえていた。あるとき、いつもどおり組合員の家庭へ商品の配達に行った彼女は、しおれかけた一輪の花を手にして職場に戻ってきた。上司が「どうしたの?」と尋《たず》ねると、ある組合員から「いつもていねいに配達してくれているお礼に」と手渡されたそうだ。

そこで上司は、「なぜそのお花をくれたのか考えてみなさい」と彼女に言った。彼女はしばらくの間じっと考えていたが、突然、吹っ切れたような様子で上司のところにや

ってきて、「わかりました」と笑顔で答えた。それ以来、彼女は別人のように堂々とした態度で仕事をするようになり、二度と「辞めたい」などと口にしなくなったという。たった一輪のしおれかけた花が、彼女を変えたのである。

こんな話もある。県立高校のラグビー選手だったAさんは、能力を見込まれて県の強化指定選手に選ばれた。強化指定選手になると数々のサポートを受けるし、周囲の注目度も一気に高まる。彼はそれ以来、はりきって練習するようになった。その甲斐あって彼のプレーはメキメキと上達し、地域のラグビー界でも一目置かれる選手に成長していった。

ところが実は強化指定選手の選考に誤りがあり、AさんではなくBさんが選ばれるはずだったことがわかった。しかし、そのことが判明したとき、Aさんの実力はBさんを大きく引き離していたそうである。認められたことが自信と励みになり、成長をもたらした象徴的な事例である。

実証された承認の効果

このように承認、すなわち認められたりほめられたりしたことで意欲が高まったとか、成長したとかいうエピソードはたくさんある。ただ厳密にいうと、認められたから成長したのか、成長したから認められたのか、因果関係がはっきりしないケースも多い。

承認の効果を客観的に裏づけるエビデンス（証拠）を探してみたが、残念ながら国内はもとより海外でも極めて乏しいのが現実だった。

そこで私は一一年前（二〇〇八年）から、複数の企業、役所、病院、中学・高校、幼稚園などで、実際に認めたりほめたりするとどんな効果があるかを明らかにする実証研究に取りかかった。

一定の期間内に上司が部下を、教師が生徒や園児を、親が子を意識的に承認すなわち認めたりほめたりしてもらい、承認された人と、承認されなかった人、あるいはそれまでどおりの接し方をされた人との間にどんな差が生じるかを、意識調査の結果や客観的な成果指標で比較し、統計的に分析した。

たとえていうなら、医薬品の開発過程において新薬の効果を確かめるために行われる動物実験のようなものだ。新しく開発された薬を飲ませたモルモットと、飲ませなかったモルモットとの間に、どれだけの差があらわれるかを調べるのと同じような方法で、承認の効果を確かめたのである。なお詳細については拙著（太田 二〇一一、二〇一三など）を参照していただきたい。

そこで明らかになった、承認の主な効果を披露《ひろう》しておこう。

なお、読者のなかには「ほめる」「認める」「承認する」という言葉の使い方を気にする人がいるかもしれない。

たしかに厳密にいうと、それぞれの意味は微妙に異なる。一般に「ほめる」のは上司から部下へ、教師から生徒へというように目上から目下へ、あるいは対等な関係で行われる。それに対し「認める」のは上下と無関係で、目下が目上の人を認める場合もある。

また「ほめる」ときには若干の誇張や感情が込められる場合が多い。一方、「認める」のには誇張や感情が入らないばかりか、言葉を介さない場合もある。たとえば高度な仕事を任せるのは、口に出さなくても相手の実力を認めているからだといえよう。そして「承認」は両者を含む広い意味で使われる。

ただし本書では以下、それらの違いを必ずしも明確に区別せず、文脈に応じて使うことをあらかじめ断っておきたい。

図1　承認の効果（内発的モチベーション）

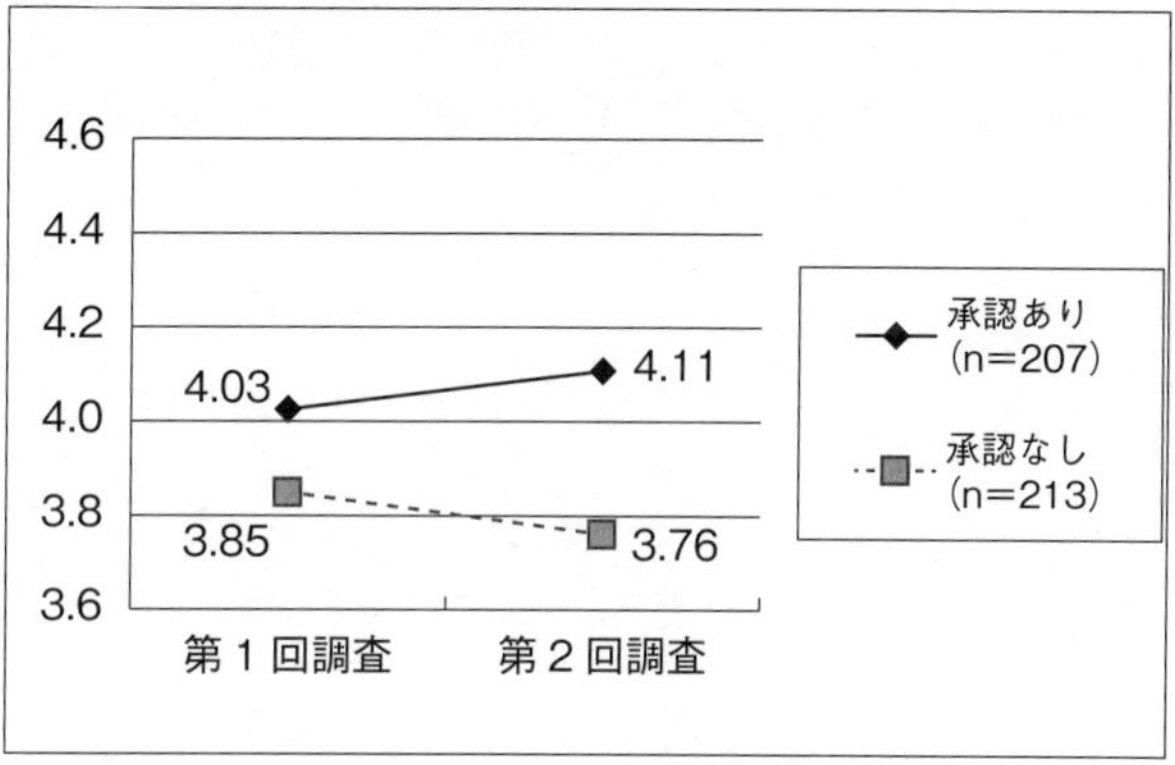

p ＜0.05

注：公益企業Ａ社で2010年に実施した調査に基づく。縦軸は「内発的モチベーション」をあらわす合成尺度の平均値で、斜線は第１回調査と第２回調査の変化をあらわす。n はサンプル数、p は被験者内効果の有意確率。

出所：太田肇『承認とモチベーション』2011年。

［内発的モチベーションのアップ］

モチベーション（動機づけ、平たくいえば「やる気」）は大きく分けて二種類ある。一つはお金やモノ、役職ポストなど、外から与えられる報酬によって引き出されるものであり、「外発的モチベーション」という。

もう一つは仕事そのものが楽しいとか挑戦心をかき立てるとかいうように、仕事の内側からわいてくるものであり、「内発的モチベーション」と呼ばれる（Ｅ・Ｌ・デシ　一九八〇など）。

ある公益企業で実施した研究プロジェクトでは、上司から承認された人は承認されなかった人に比べて内発的モチベーションが高くなることが明らかになった（図1）。上司から認められたり、ほめられたりすると気分がよくなる。また自分のやっていることを肯定されたら、いっそう仕事に没頭できるようになるのだろう。

内発的モチベーションが上がるのは、もちろん大人だけではない。たとえば幼稚園で行った研究プロジェクトでは、教師が意識して園児をほめるようにしたクラスでは、園児が楽しんで劇の練習をするようになり、五歳の園児が自ら身ぶり、手ぶりを交え、動作に抑揚をつけて演技するようになったという報告が聞かれた。

ほめられたら楽しくなるのは、大人も子どもも同じなのだ。

［自己効力感の向上］

「自己効力感」とは環境を効果的に支配できているという感覚であり（A. Bandura 1997）、わかりやすくいえば、「やればできる」という自信を意味する。

仕事にしても勉強にしても、前向きに取り組むかどうか、高い目標を掲げて挑戦するかどうかは、この自己効力感に大きく左右される。自己効力感と関連の深い自尊感情についても、自尊感情の高い子どもは情緒が安定し、責任感があること、そして社会的適応力が高く成績もよいことなどが指摘されている（古荘純一　二〇〇九）。

それほど人間にとって大切な要素であるにもかかわらず、自己効力感や自尊感情にしても、あるいは似たような意味をもつ自己肯定感にしても、残念ながら日本人は子どもから大人まで低いことが明らかになっている。

たとえば東京、上海、ソウル、ロンドン、ニューヨークの小学五年生を対象にした意識調査によると、自分自身のことを「よく勉強ができる」「正直」「親切」だと答えた比率は東京の子が最低か下から二番目である。また、「どんなおとなになれそうか」という質問に対して、「皆から好かれる人になる」「よい父（母）になる」「有名な人になる」「お金持ちになる」「仕事で成功する」「幸せな家庭を作る」のいずれの項目でも、肯定する子の比率は五都市のなかで東京の子が最も低かった（ベネッセ教育総合研究所　第四回国際比較調査「家族の中の子どもたち」一九九四年）。

そして一〇歳の子どもや中学生、大学生の日米比較調査でも、日本人の子どもの自己評価が低いことが明らかにされている（佐藤淑子　二〇〇九）。

さらに、日本と欧米など計七か国の一三～二九歳の若者を対象にした調査でも、「私

図2　承認の効果（自己効力感）

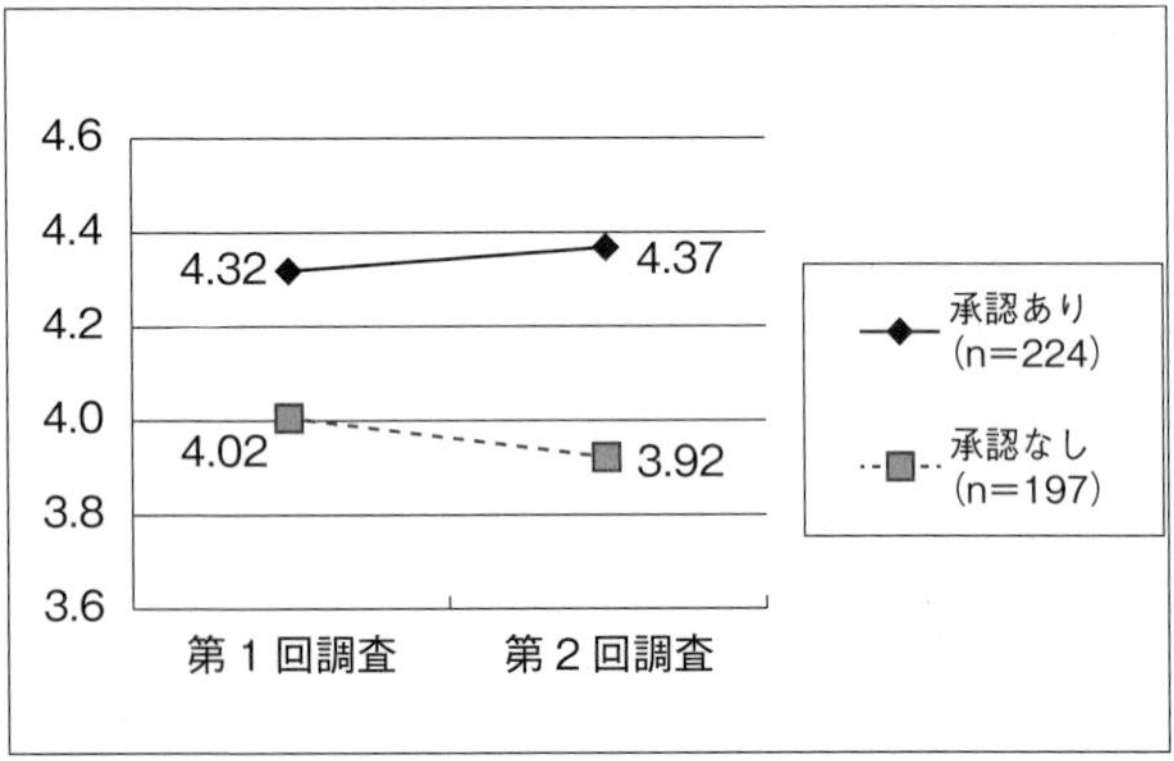

p＜0.05

注：公益企業Ａ社で2010年に実施した調査に基づく。縦軸は「自己効力感」をあらわす合成尺度の平均値で、斜線は第１回調査と第２回調査の変化をあらわす。nはサンプル数、pは被験者内効果の有意確率。

出所：図１に同じ。

は、自分自身に満足している」「自分には長所があると感じている」「自分の考えをはっきり相手に伝えることができる」という回答は日本が最も低い（内閣府 平成二五年度「我が国と諸外国の若者の意識に関する調査」）。

ここでは一部の調査結果のみを紹介したが、さまざまな年齢層や職種を対象にした多くの調査によって、日本人の自己効力感や自尊感情、自己肯定感が低いことが明らかにされている。日本人は他国の人々に比べて自分の能力に自信がもてないし、自分自身を認めることもできないのである。

その自己効力感を高めるのに、周囲からの承認が有効なことが明らかになった（図2）。

しかもその効果は、複数の企業のほか、公立中学校の生徒などでも確認された。

自己効力感、すなわち「やればできる」という自信をもたらす最大の要因は成功体験である。実際にやってみて、成功したら自信がつく。しかし、同じことを成し遂げても自分自身ではその価値がわからない場合がある。そんなとき、他人から「すごい」「よくできたね」とほめられたり、以前に比べてどれだけ伸びたかを教えられたりすれば、その値打ちが実感でき、「やればできる」という自信がもてるようになる。それが新たな意欲をかき立て、また不安を和らげることにもつながる。だからこそ、周囲から承認という形でフィードバックを受けることが必要なのである。

いずれにしても自己効力感がそれだけ大切なことを考えたら、自己効力感の向上は、研究プロジェクトで明らかになった承認の効果のなかでも特筆すべきものだといえよう。ちなみに先に紹介した生協職員や高校ラグビー選手のケースも、認められて自己効力感が高まったことが、意欲的に活動できるようになった大きな原因だと考えられる。

［評価・処遇への満足］

近年、企業などでは働く人の満足度（ＥＳ）が重視されるようになった。従業員の満足度が仕事に対する意欲や離職に直結するだけでなく、顧客の満足度（ＣＳ）にも影響すると考えられているからである。

ところが日本人の仕事や職場に対する満足度はあまり高くない。とくに処遇やその基準になる人事評価の満足度は低いのが現実だ。

二〇代から五〇代の正社員を対象にしたある調査によると、人事評価に不満（「不満」と「どちらかというと不満」の合計）という回答が三三・七％で、満足（「満足」と「どちらかというと満足」の合計）の二三・〇％を上回っている。不満の理由としては「評価基準が不明確」という回答が六七・〇％（複数回答）と突出している（ＮＴＴコムリサーチ・日本経済新聞「人事評価に関する調査」二〇一五年実施）。

評価基準が不明確なのは制度の問題だが、評価のフィードバックがあれば不満は減少するはずだ。その役割を果たすのが承認である。少なくとも自分の何が、どこが、どれだけ優れているか、そしてそれを評価してくれているかどうかがわかるからだ。

実施した研究の結果からは、承認が評価・処遇への満足度を高める効果が業種や職種を超えて広く確かめられた。

しっかりと自分の役割を果たし、組織のために貢献していたら上司や周囲の人はきちんと見てくれているという信頼感、安心感が得られるからだと考えられる。また、何らかの理由で昇進・昇給に結びつかなくても、実力や貢献を認めてもらえれば納得がいく場合もある。

仕事の現場からも、調査結果と符合するような話が聞かれる。一例をあげよう。大手スーパーで話を聞くと、同じ店舗でもバックヤードで商品のパッキングなどに携わる人たちに比べ、店頭で販売をする人たちのほうが、待遇に対する不満は明らかに少ないそうだ。客とのコミュニケーションのなかで、客から日常的に無数の承認を得ているからだと考えられている。

[勉強への関心と不安]

次に子どもを対象に行った研究プロジェクトの結果に注目してもらいたい。

興味深いのは高校生に対して行った研究で、承認が「勉強への関心と不安」を高める事実が明らかになったことだ。この尺度のなかには「時間を忘れて勉強に集中していることがある」「勉強したら自分の力はもっと伸びると思う」といった項目のほかに、「進学や就職の受験が不安だ」「勉強や生活でイライラすることがある」という項目も含まれている。

つまり、学校で教師から認められたりほめられたりすると、勉強に対する関心が強まり、自信もついて、「がんばろう」という気になる。しかし、他方では関心が強まったあまりに、うまくいかなかったときの不安や焦りも生まれてくることを示している。

本書のメーンテーマであり、後に詳しく述べる承認欲求のいわばダークサイドが、この調査結果から垣間見える。

〔成績の向上〕

これまでみてきたように、承認されると仕事や学習に対する（内発的）モチベーションがアップする。また、「やればできる」という自信がつき、挑戦意欲も高まる。それは当然、成績の向上にもつながる。

大手保険会社S社の営業担当者を対象に行った研究では、それがはっきりと裏づけら

図3 承認の効果（営業成績）

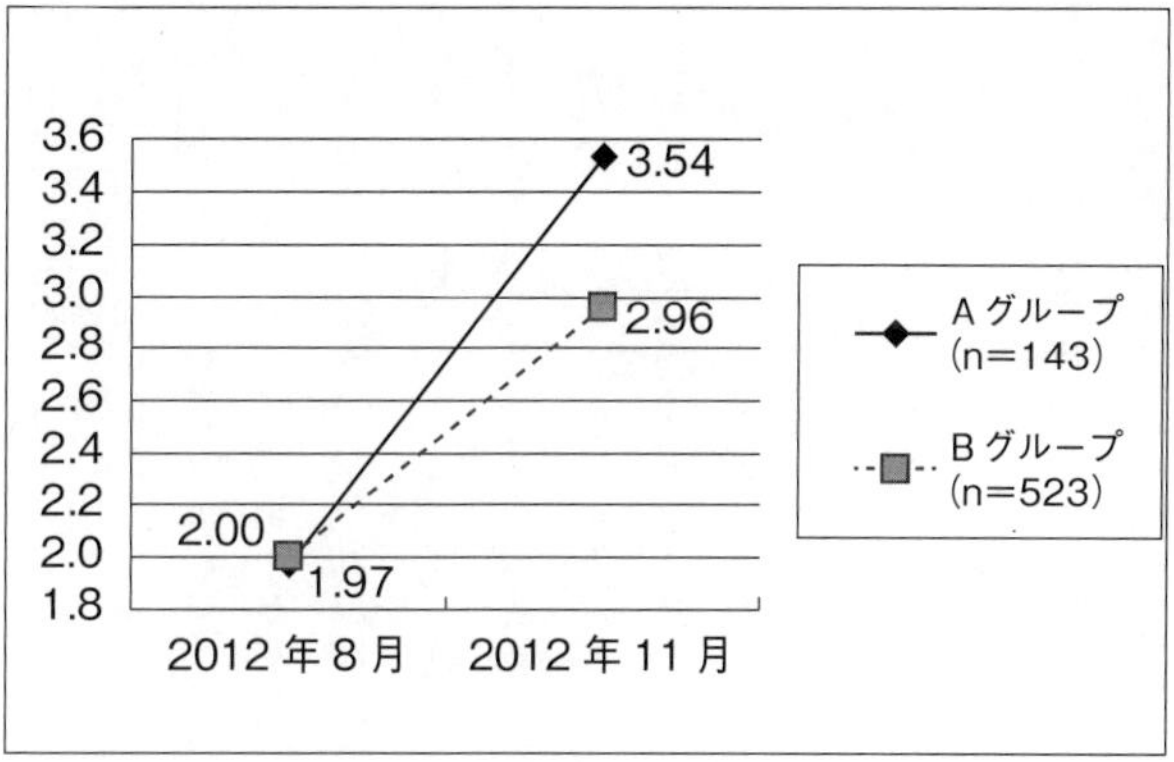

p＜0.01

注：保険会社S社で2012年に実施した調査に基づく。縦軸は一人あたりの平均月間契約件数。斜線は第1回調査と第2回調査の変化をあらわす。nはサンプル数、pは被験者内効果の有意確率。

出所：太田肇『子どもが伸びる ほめる子育て』2013年。

れた。営業担当者が所属する三八の部署をAとB二つのグループに分け、Aグループの部署では管理職に部下を積極的に認めたりほめたりしてもらい、Bグループの部署ではそれまでどおり特別なことはしなかった。

取り組みをはじめる前と、取り組みをはじめて三か月たった後の一人あたり平均月間契約件数をあらわしたものが図3である。

たまたま、この三か月の間に販売促進月間が設けられていた。そのためか両グループともに成績が伸びているが、承認されたグループの人のほうが、それまでどおりに扱われた人よりも顕著に成績を伸ばしていることがわかる。単に成績を上げるよう促すよりも、認めたりほめたりするほうが成績アップに効果があることを示している。

なお、承認によって成績が上がる理由は、モチベーションや挑戦意欲が高まることのほか、合理的な仕事のやり方が身についたことにもよると考えられる。成果につながる正しい方法、合理的な方法で仕事をしていたときに認められたり、ほめられたりしたら、以後もその方法をとろうとするからである。

いずれにしても、承認が成績を上げる効果は仕事の場面にかぎらないはずである。それを裏づけるデータやエビデンスもある。

患者のリハビリに対するほめる効果を明らかにするために行われた、日本、アメリカ、ドイツなど七か国による共同研究では、歩くリハビリのあとにほめられた患者は、ほめられなかった患者より歩くスピードが二五％以上速くなったそうである（市川衛 二〇一一）。

また具体的な事例をあげると、三重県にある南部自動車学校は「ほめちぎる教習所」として知られているが、「ほめる」教習を始めてから卒業生の事故率が半数以下に減少し、運転免許の合格率は二〇一四年からの三年間で四・五％アップしたという（加藤光一　二〇一八）。

承認が成績の向上をもたらす前記のような理由は、対象が違っても当てはまると考えられる。したがって学業の成績などにも、おそらく同様の効果があるのではなかろうか。

［離職の抑制］

承認には離職を抑制する効果がある。そのことをうかがわせるエピソードや調査結果は多い。海外のある調査では、従業員があげた退職理由の一位が「ほめ言葉や感謝が足りない」だったという（J・M・クーゼス、B・Z・ポスナー　二〇〇一）。

こんな話もある。かつて日本を代表する某大企業で、若い社員が大量に離職したケースがあった。そこで離職者を追跡調査したところ、多忙のため上司や先輩が認めてくれなかったことが主な離職理由だとわかったそうである。

そして、私が病院の看護師を対象に行った研究プロジェクトでも、承認には離職を抑制する効果があることをうかがわせる結果が得られた。承認された人たちは、されなかった人たちに比べて「出勤するのがおっくうになる」「ときどき、仕事を辞めたいと思うことがある」という値が有意に低くなっていたのである。

看護師は近年とくに離職率が高く、病院にとってはその抑制が大きな課題になっている。そのため、実際に職場で看護師をほめる取り組みをしたり、表彰制度を取り入れたりしている病院が増えている。研究結果は、それらに効果があることを示唆するものである。

一方、幼稚園でも近年はいわゆる「モンスターペアレンツ」の存在が問題になるほど、保護者からのクレームや要求が強まっている。その矢面に立たされる教員の多くは、まだ二〇歳そこその若い女性である。彼女たちのなかには、保護者の厳しい声に耐えきれず、辞めていく人が少なくない。

ある私立幼稚園では、毎年二桁の教員が辞めるという異常事態に陥っていた。そこで園の経営者は、徹底して彼女たちを承認するようにした。「あなたたちのやっていることは正しいのだから、自信をもってください」と。そして、「こんなに厳しい言葉をかけられてもがんばってくれてありがとう」と感謝の言葉を添えた。すると、驚くことに離職者がゼロになったという。

いうまでもなく、離職の抑制は一般の企業などでも直面している課題である。ここで披露したデータやエピソードが物語るように、離職を抑制するうえで承認には一定の効果があるといえそうだ。

［その他の効果］

私が行った研究プロジェクトでは、そのほかにも承認に数々の効果があることが明らかになった。

会社では組織に対する一体感や貢献意欲が高まり、会社のために役立っているという感覚も強まった。また幼稚園児の場合には、自分に「得意なものがある」と自覚できるようになり、「笑顔が増えた」という効果もみられた。

さらに既存の研究からは、承認に次のような効果があることも示唆されている。

まず承認されて自己効力感が高まれば、それによってうつやバーンアウト（燃え尽き）が抑制される可能性がある。実際、自己効力感の高い人は低い人よりストレスが低く、うつ状態や不安が少ない傾向がみられるという（鈴木伸一 二〇〇二）。

また、近年社会問題になっている企業や役所の組織的不祥事についても、承認にはそれを抑制する効果があることが示唆されている。岡本浩一・今野裕之（二〇〇六）の研究によると、「職業的自尊心」の高い人ほど組織的および個人的な違反をしない傾向がある。自らの誇りや自尊心が不正を許さないからだろう。そして、その職業的自尊心は、承認によって高くなると考えられるのである。

要するに、平たくいえば認められると自信やプライドが高まり、それがメンタルヘルスや不祥事の抑制によい影響を与えるわけである。ただし承認と不祥事の関係についてはそれほど単純に語れないところがあり、それは第三章で詳しくみていくことになる。

承認の効果について話を続けると、承認は認められた当人だけでなく、周囲との人間関係や職場の空気、さらには顧客との関係などにも好影響を及ぼす。

同僚同士がほめ合う取り組みをしている職場、あるいは客から届いた感謝の言葉やサービスに対する評価をスタッフに届けている店舗などからは、それを裏づける声がたくさん届いている。なかには客からのクレームが明らかに減ったというケースもある。

こうしてみると承認、すなわち他人を認めること、周りから認められることはいいことずくめのようだ。しかし、それは表の面であり、もう一方には裏の面がある。

このようにいうと、すぐ思い浮かぶのは「ほめたら慢心する」とか「ほめられることが目的になってしまい、ほめないと努力しなくなる」といったたぐいの話ではなかろうか。

しかし実際は、次章以下で述べるようにもっと深刻で、かつ普遍的な問題が陰に隠れている。しかも、それはここで披露した承認のポジティブな効果と切り離せない関係にある。たとえていうと「光」が「影」をつくっているようなものだ。

二　承認欲求が最強の理由

「承認欲求は最強」という声

「まえがき」で述べたように、私は二〇年以上前から承認欲求に注目しながら研究を行ってきた。そもそも承認欲求に関心をもつようになったのは、研究に取りかかる以前から職場や世間の人々を観察していて、人々の態度や行動が、いかに「認められたい」という意識・無意識に強く影響されているかを実感したからである。

私は若いころ公務員として働いた経験があるが、当時、管理職やその候補生たちを見ていると、感覚的にいって七割程度の言動は、出世を意識したもののように感じられた。

そのなかには、出世を目指してひたすら努力する姿もあれば、周囲からのウケを狙った言動もある。さらに自分の人格がいかに円満であるかを印象づけようというねらいや、相手を引きずり下ろそうという意図が透けて見えるもの、露骨《ろこつ》なゴマすりなども含まれている。

一方で承認欲求が満たされない場合には、羨望《せんぼう》や嫉妬、それに意地や面子といった屈折した形でそれがあらわれる場合もある。仲のよい同期生が先に昇進したら、いっさい口を利《き》かなくなった人がいたし、自分の頭越しに部下の異動が決まったというだけで異動を猛烈に阻止する人もいた。

なかには出世競争に背を向け、地位や名誉には恬淡《てんたん》としているように見える人もいる。しかし彼らも一歩職場を離れたら役人然として町内会を仕切ったり、同人誌や同好会で思い切り自己主張したりする。また職場に女性が少なかった時代には、「紅一点」として周りからちやほやされたり、「お局様《つぼねさま》」として存在感を示したりすることで満足している人もいた。

とにかく彼らは承認欲求によって動いていると強く感じたものだ。

こうした肌感覚の原体験や知識をベースにしながら、その後は研究者としていろいろな企業の現場に入り、管理職や職場のリーダーたちから話を聞いた。すると、そこでも社員の多くは承認欲求に強く動かされているようだという感想をたびたび耳にした。とりわけマズローの欲求階層説を知る人たちからは、「最高位にある自己実現欲求より承認欲求に動機づけられている人のほうが明らかに多い」という印象論が語られた。

もちろん、それは職場にかぎった話ではない。

私たちの日常生活においても、承認欲求がいかに強力で、人々の行動や人間関係に強く影響しているかがうかがえる。

たとえば家庭における夫婦げんか、親子、兄弟、嫁と姑などのいさかいも、その大半は意地や面子、プライドなど承認欲求が関係しているといえるのではなかろうか。たった一言、相手の尊厳を傷付ける言葉を口にしたり、第三者の前で恥をかかせたりしただけで人間関係に決定的なヒビが入るケースは珍しくない。

より普遍的な視点から、人間の承認欲求の影響力をとらえることもできる。

実際、哲学者や思想家たちのなかには、古くから承認欲求の大きな力を鋭く見抜いていた人がいる。

一七世紀の哲学者であり思想家でもあるB・パスカルは、こう述べている。「人間の最大の下劣さは、栄誉を追求することである。だが、これこそまさに、かれの優越の最大のしるしである。なぜなら、人はいかに多くの物を地上で所有しても、いかに健康や生活の安定をえても、他人から尊敬されないかぎり、満足しない」（パスカル　一九九〇、四〇四節）。

さらに、広い世界を視野に入れると、そこでも承認欲求が大きな力を発揮していることがわかる。哲学者・政治学者のT・ホッブズ（一九五四）は、人間のもつ誇り（グローリ）が争いの一因であると喝破《かっぱ》しているし、今日でも国家間、あるいは民族間、宗教間の紛争の多くは名誉や誇りが深く関わっている場合が多い。

つまり私たちの日常生活から国家間の関係まで、人間の承認欲求に左右されているといっても過言ではない。

承認欲求はなぜ最強か

では、なぜ承認欲求はそれほど強力なのか。

それは、「承認欲求」が複数の要素からなるものであり、しかも有形無形のさまざまな報酬とつながっているためだと考えられる。

マズローがいうように承認欲求は、他人から認められたい、自分が価値のある存在だと認めたいという欲求である。それは実生活において、いろいろな形であらわれる。具体的にいうと、出世したい、名誉や名声がほしいという欲望であったり、自分の存在をアピールしたいという自己顕示欲であったり、はたまた日常的に自分の個性や能力・努力を認めてほしいといった感情としてあらわれたりする。さらに、アテネオリンピックのマラソンで銅メダルをとった有森裕子のインタビューで有名になった、「自分で自分をほめたい」というような気持ちになるときもある。

そして、認められたいという欲求が直接満たされない場合には、他人に対する羨望や嫉妬、意地のような屈折した形で表面化することもあるのだ。

このように承認欲求はいろいろな形であらわれる。そのことに加え、もう一つの特徴として、承認は他の欲求を満たしたり、いろいろな目的を達成したりするための手段になることがあげられる。

たとえば、先に示したように承認されることによって自己効力感が得られるし、仕事や活動が楽しくなり、内発的モチベーションが高まる。

また承認欲求が「尊敬・自尊の欲求」とも呼ばれるように、他人からの承認と自己承認とは不可分の関係にある（種類が異なる欲求だという研究もあるが）。いくら自分の価値を認めようと思っても、社会的動物である人間は、他人や周囲から承認されなければ自分を認めることは難しい。

たとえていうなら、承認は鏡のようなものだ。鏡をとおしてこそ自分の顔や姿を見られるのと同様に、他人や周囲から認められてはじめて自分の実力や実績を知り、それらがどれだけ価値のあるものかを理解できるのである。

さらに他人から認められると、他人への発言力や影響力も当然大きくなる。すると大きな仕事、やりたい仕事ができるようになる。また他人を支配したいという支配欲や、異性を引きつけたいといった欲望もある程度は満たせる。

そのうえ認められたら、いろいろな形で金銭がついてくることも多い。それによって当然、衣食住に関わる生理的欲求や安全・安定の欲求も充足できる。それだけではない。社会的に認められることで自己実現、すなわち自分の潜在的な能力を発揮できていると実感できる。

もちろん人間には利己的な側面ばかりではなく、他人や社会のために役立ちたい、人々を喜ばせたいという利他的な感情もある。しかし、それとて承認と無関係ではない。

実際、看護や介護のような仕事に携わる人たちは、たとえ努力が結果として報われなくても、相手やその家族から感謝の言葉をかけられることによって無力感、徒労感から救われるという。すなわち自分が相手のため、社会のために役立てていることを確認し、喜んでもらっていると実感するためにも、感謝や尊敬という形で承認を受けることが必要なのである。

このように、承認されると有形無形のさまざまなものが得られる。だからこそ人は認められたいと思うのである。その点を強調するなら、そもそも「承認欲求」は何らかの「動機」ではあっても、純粋な意味での「欲求」とは呼べないという考え方もできよう。「欲求」とは本来、人間の内側からわき出てくる、いわば本能に近い性質のものだからである。

しかし、まだ何かを獲得する手段としての価値を十分に認識できない幼児や、犬や猫のような動物さえ、ほめてやったら喜びをあらわすことがある。ちなみに動物写真家の岩合光昭氏は、猫をほめてやると「機嫌がよくなる」と語っている。したがって、承認は欲求であるという見方も否定できないように思われる。

いずれにしても承認欲求が厳密な意味で欲求といえるかどうかを、これ以上追究してもあまり生産的ではなかろう。したがって本書ではこれ以上深く立ち入らず、総合的に

「承認欲求」と呼ぶことにしたい。

三　「病」の前兆

認められるためのストーリーづくり

これまでみてきたように、承認はそれ自体が欲求として人を動機づけるばかりでなく、認められるとほかの欲求が満たされたり、有形無形のさまざまな報酬が得られたりする。つまり承認の恩恵は多岐にわたるわけである。それだけに「承認欲求」は強い力で人を動かす。「承認欲求こそ最強だ」としばしばいわれるゆえんである。

しかし、強い薬は副作用も大きい。承認の恩恵が多岐にわたるということは、その副作用もまた多岐にわたることを意味する。

それがどれだけ危ないものか――。

承認の副作用、承認欲求の危険性を病にたとえ、軽度の段階から「病状」の進行する過程をみていくことにしよう。

おもしろい話がある。美容整形外科はもともと、容姿にコンプレックスを抱く人が訪れるところのはずである。あるいは、もっと美しくなりたいという目的でやってくるのが普通だろう。ところが実際は、必ずしもそうではないようだ。

美容整形外科にやってくるのは、世間的にみて美人の部類に入る人が圧倒的に多いという。そして、医師が「施術する必要がない」というと、喜んで帰る人が少なくないそうだ。多くの「患者」をみてきた「美の目利き」に認めてもらうために、わざわざやってきたのである。おそらく、帰ったら知人や友人たちにそれを自慢していることだろう。

自分の失敗談を語ったり、欠点をさらけ出したりしながら、いつの間にか自慢話に引き込むのが上手な人がいる。

「うちの息子なんか小学校のころから駆けっこをさせたらいつもビリだし、大人になるまで彼女の一人もできなくて、ほんとうにダメな子でねえ。東大ってそんな子が多いらしいよ」とか、「俺の若いころは上司にくってかかって譴責《けんせき》処分を食らうわ、客とトラブルを起こして始末書を書かされるわ、失敗のオンパレードだったな。それでも専務までなれたなんて、会社はいいかげんな評価をしていたもんだ」などと。

また水戸黄門の印籠ではないが、自分の地位や経歴などをわざと隠し、心のなかでほくそ笑んだり、暴露されたときの相手の反応を楽しんだりする韜晦《とうかい》趣味の人もいる。

だれでも能力、実績、容姿、学歴、社会的地位など自分が誇りに思っているところを認められたいものだ。なかには、それをストレートに自慢する人がいる。しかし、右の例のように認められるために策を弄するようになると、少し病的な気配が漂ってくる。ストレートに表現したら顰蹙《ひんしゅく》を買うことをわかっているので、わざわざ迂回する戦略をとり、認められようとしている。それだけ他者から認められることへの執着が強いからである。

それでも他人に迷惑をかけたり、犯罪者に肩入れしたりするわけではないので、社会的には一応正常な範囲にとどまる。ところが「正常」な範囲で承認欲求を満たせないとき、一線を越えてしまうことがある。

たとえば、ＳＮＳで注目されるためにアルバイトの店員が食品にいたずらをしたり、わざわざ危険な行為や破廉恥《はれんち》な行いをして動画サイトに投稿したりするのは、浅はかで動機が単純なものの理性の抑制が効かない点で、もはや病的だといわざるをえない。

それが明らかな犯罪的行為になると、当然ながら「病」の重症度はさらに上がる。世間を震撼させた事件のなかには、「認められたい」という願望がストレートに表現されたものがある。

阪神・淡路大震災やオウム真理教による事件から受けた人々のショックが冷めやらぬ、一九九七年に発生した神戸連続児童殺傷事件。「酒鬼薔薇聖斗」と名乗る当時中学二年生だった犯人の少年は、殺害の犯行声明文にこう記している。「透明な存在であり続けるボクを、せめてあなた達の空想の中でだけでも実在の人間として、認めて頂きたいのである」と。

そして「まえがき」でも触れた二〇〇八年の秋葉原通り魔事件もまた、社会的に認められない自分の存在感を誇示しようという動機が背後にあったといわれている。

このように世間から注目されたい、存在感を示したいという動機による事件は枚挙にいとまがないほど存在する。

「健全」な家庭の不幸

もっとも、これらは特殊なケースであり、本人の異常さが背景にあったことは疑いがない。しかし、彼らと「正常」な人々との間に、はっきりとした境界線が引けるだろうか？

見逃してならないのは、ごく正常な家庭や職場、学校などにおいて、表面的にはごく普通の営みがなされている陰で「病」が進行している場合が少なくないということだ。

テレビのワイドショーでは、芸能人や有名人の子が起こした事件がしばしば取りあげられ、世間の注目を浴びる。いくら世の中に芸能人・有名人がたくさんいるとしても、その頻度があまりにも高いと思う人は少なくなかろう。そして事件を起こした本人や親の口からはしばしば、親と比較されるなど「偉大」な親の存在が何らかの形で影響していたと語られる。

親が「甘やかせて育ててしまった」と反省の弁が述べられる場合もあるが、逆に意識して厳しく育てたという場合もある。さまざまな情報から総合的に解釈するなら、より重要な原因は、子にとって「出る幕がなかった」ことだと考えられる。

親が偉大だったり有名だったりすると、その子はどうしても親と比較されるので、少々がんばっても注目されず、賞賛もされない。世間で認められないのはまだいい。もっと耐《た》え難《がた》いのは、家庭における存在感の薄さである。

親と子は、とくに思春期には家族からの承認をめぐってライバル関係になる。息子は母親から、娘は父親から認められようとする。ところがライバルとなる父親や母親の存在感があまりにも大きいと、いくらがんばっても勝てない。また社会にでて収入を得るようになっても、家族からはそれを当てにされないので経済的に貢献することもできない。なかには、わが子に向かって「お父さんがたくさん稼《かせ》いでくれるから、あなたはお金のことは心配しなくていいのよ」などと平気で口にする親もいる。

いずれにしても偉大な親をもった子は、承認される機会が乏《とぼ》しいのである。

まっとうな方法ではいくらがんばっても認められないとなると、奇抜な行動をとったり、悪事を働いたりしてでも周囲の関心を引き、存在感を示すしかない。叱《しか》られても無視されるよりはマシだからである。

けれども、ほんとうの悩みはもっと深いところにある。叱られようが、眉をひそめられようが、周りからの反応を得なければ自分自身を知ることができない。成長途上の青少年にとって、自分がわからないまま生きていくほど不安なことはない。自分の存在感を確かめるため、場合によっては非行に走るしか方法がないのである。

毎年繰り返される成人式の騒動やSNS上の問題行動を起こす若者も、その大半はふだんごく普通に生活している人間だ。隠れた承認欲求、それも自分自身を知りたいという素朴な欲求が、彼らを反社会的な行動に駆り立てているのである。

認められるため本能的にリスクを冒す

このような理由から、若者はしばしば反社会的な行動にでる。それだけではなく、ときには認められるために自分の命を危険にさらすような行為に及ぶことがある。それを裏づける次のような実験が行われた。

発達心理学者のローレンス・スタインバーグは、ビデオゲームを使って、友だちが周りにいるときと、いないときとで車の運転に違いが生じるかどうかを実験した。その結果、一〇代の若者は一人だと大人と同じように冷静な運転をするが、同年代の友だちに見られていると二倍のリスクを冒すようになった。ちなみに大人は、友だちに見られていても変化はなかったという（D. Dobbs, 2011）。

わが国でも一〇代の若者による無謀な交通事故は後を絶たないが、その大半は単独ではなく仲間どうしが一緒に乗車していて起こしたものだ。おそらく同乗者の側にも何らかの形で認められたいという心理が働いているので、危険だと思っていても暴走をやめさせようとしないのだろう。いずれにしても「仲間から認められたい」という欲求が、危険な運転をさせる大きな誘因になっているのである。

ところで、若者がこのようにリスクの高い行動をとるのは、それが人類の発展に役立つためだとスタインバーグらは解釈している。若者たちはその後の人生において、より安全ではない環境のなかに入っていくことが求められているからだと彼らはいう。危険の多い大人社会に、あらかじめ適応しようとしているわけである。大胆な解釈だが、生物学的に考えれば的を射ているのかもしれない。

かりにそうだとすると種の保存という意味では、若者にとって同性より、異性に認められることのほうがいっそう重要なはずである。

しばしば観察される出来事として、男性は勇敢なところを女性に見せつけるために無謀な行為に及ぶことがあるし、とくに人前だと弱みをみせないため、引くに引けなくなって暴力事件などトラブルに巻き込まれるケースもある。口論になったとき、「相手がカップルなら気をつけろ」といわれるのはそのためだ。もちろん女性も、男性を引きつけるために何らかの行動をとっているのだろう。

ほんとうの「大病」はもっと先に

しかし、反社会性という点はとりあえず横に置き、純粋な個人の立場に焦点を当てるなら、ここにあげたような「病」の深刻度は比較的軽いのではなかろうか。その理由は次のとおりである。

　認められるため、注目されるための奇行や問題行動は、社会的に有害な場合もあるが、自分の意思で行ったものだ。少なくとも個人的には承認欲求を自分である程度コントロールできているわけである。その対策も比較的容易であり、端的にいえばもっと認められる機会を増やしてやりさえすればよい。

　ところが、自分自身で承認欲求をコントロールできない場合がある。はじめのうちはコントロールできていたのが、いつの間にかコントロール不能になっていたり、承認欲求には無縁だと思っていた人が実は内なる承認欲求に苦しんでいたりする。

　いずれも承認欲求による呪縛、あるいは承認欲求に乗っ取られた状態だといってよい。それは自分で制御できないだけにいっそう危険だし、意識されないだけでだれもがその状態に陥りうる。病にたとえるなら、癌《がん》や動脈硬化が密《ひそ》かに進行しているようなものである。したがって対症療法ではなく、根本的な治療を必要とする。

　次の章では、その「病」の症状と原因について詳しくみていきたい。

第二章　認められたら危ない

前章で説明したように、承認欲求は人間にとって「最強」の欲求である。人は認められることで直接その欲求を満たせるだけでなく、芋《いも》づる式に有形無形の報酬を獲得し、関連するさまざまな欲求も充足できる。また承認欲求があるからこそ、尊敬や信頼といった好ましい対人関係も構築できる。まさに、いいことずくめのようである。

ところが、あることをきっかけに、こんどは獲得した報酬や築き上げた人間関係にとらわれるようになる。しかも、そこから容易に逃れられない。それが「承認欲求の呪縛」である。

ちなみにアンケートを取ると、なんと三分の一の学生が呪縛に陥った経験があると答えた。それがきっかけで受験に失敗したり、不登校になったりした子もいる。ミシュランの三つ星をとったのが、またオリンピックで銅メダルをとったことがきっかけで自殺した人も、背後には「承認欲求の呪縛」があったと想像される。

私たちの身のまわりには、呪縛に陥るリスクが数多《あまた》ある。あからさまな名誉欲や自己顕示欲などと違って、ごく普通の人が無意識に抱く「認められたい」という思いが、気づいたとき本人を追いつめている。意外に思われるかもしれないが、それが重症化しているケースは少なくない。

この章では以下、承認欲求の呪縛はどのような形であらわれるのか、なぜそれが生じるのか、なぜ呪縛から逃れられないのかを説明していく。

一　「認められたい」が「認められねば」に変わるとき

MVPが次々と離職

一つの実例をもとに考えてみよう。

近年、病院では看護師の人手不足が深刻さを増している。欠員が出てもなかなか採用できないうえに、せっかく採用しても長続きしないケースが多いのだ。とくに経験の浅い若手や、子育て中の人をいかにつなぎ止めるかが大きな課題になっている。

　そこで対策として、待遇や子育て環境の改善と並んで近年注目されているのが「承認」であり、積極的にほめる取り組みなどのほか、職員の表彰制度を取り入れるところも増えている。

　ある民間の病院では、看護師を含めた職員のなかから毎年、最も模範になるような職員を院長が選び、ＭＶＰ（最優秀職員）として表彰している。そして受賞者には、院長からかなり高額の賞金が贈られる。

　ところが、なぜか受賞者の多くが受賞後、比較的短い期間に辞めていくそうである。はりきって働き続けてもらうために表彰制度を取り入れたはずだが、皮肉にもまったく逆効果になっているわけである。

　この話を聞いたとき、私は原因として三つの可能性があると考えた。

　一つは、表彰されたくらいだから自分は市場価値が高いと思い込み、より待遇のよいところへ転職していった可能性である。しかし、明らかになっている情報で判断するかぎり、その可能性は低いようだ。

　二つ目は、周囲からのねたみに耐えられなかったのではないかという仮説である。たしかに一部では、「MVPだからそれくらいやりなさいよ」と言われたという声も漏れ聞かれたそうだ。しかし、たいていの受賞者は優秀かつ勤勉なので、そうした嫌みを言われるのはむしろ例外だろう。

そこで考えられるのが、三つ目の可能性だ。その謎を解くヒントは、私たちがしばしば経験する次のようなシーンにある。

「ホメホメ詐欺」になぜだまされる?

新聞のチラシに載っていた格安のスーツを買いにデパートへ出かける。バーゲンのコーナーで安いスーツを試着していると、店員がやってきて、いろいろとアドバイスしてくれる。雑談を交わしているうちにだんだんと打ち解けてきて、つい「ちょっと気の張るパーティーで着るからねえ」とか、「下っ端のうちは安物のスーツでもよかったけど……」などと余計なことを口走ってしまう。

すると店員はその言葉を聞き逃さず、「地位のあるお方ですから」とか、「風格がおありなので……」と持ち上げて、もっと高級なスーツを勧める。気分をよくして予算を大幅に超えるスーツを買ってしまった。おまけに店員が好みの女性だったので鼻の下を伸ばし、ついつい高価なワイシャツやネクタイまでセットで買わされる羽目になった――。

ぼったくりバーにしても、いわゆる「ホメホメ詐欺」にしても、自分をよく見せたいという、ちょっとした承認欲求にうまくつけ込まれるわけである。

次のような経験をした人もいるのではなかろうか。

「PTAの役員なんか絶対に引き受けるものか」。そう誓って、しぶしぶとPTAの総会に出席した。開会のあと、いよいよ会長を選出する次第になると案の定、だれもが下を向いて自分に声がかからないことを祈っている。そのとき突然、ある人が「人望のある〇〇さん（自分）をぜひ推薦したい」と発言した。すると、あちこちから賛成の声があがる。そうなると絶対に引き受けないという決意が揺らぎ、やがて「まあいいか」という気持ちになる。結局、当初の誓いはどこへやら、いちばんたいへんな会長の役を引き受けてしまった。

そして会長になると周りから「会長」「会長」と持ち上げられ、頼りにされる。それは心地よいし、けっこうやりがいもある。気がつけば仕事も家庭もそっちのけでのめり込んでいて、あちこちにしわ寄せが出ている――。

その裏返しのような出来事もある。

知人から聞いた話だが、映画館のチケット売り場で初老の紳士が、すました顔で女性スタッフにチケットを注文した。女性スタッフは気を利かせて（?）「六〇歳以上の方はシニア割引が利用できますが……」と言った。すると男性は急に血相を変え、「いらんことを言うな」と怒鳴ったそうだ。横で聞いていた知人は、おかしくて吹き出しそうになったという。男性はささやかな承認欲求が満たされなかったばかりか、取り乱して醜態をさらし、思わぬ「負の承認」を受けたのだ。

一方では皮肉なことに、認められることに飢えてきた人が、念願叶《かな》って認められると、こんどは認められたがゆえに苦しむケースもある。

五〇代のある女性は、中年にさしかかって以来「若く見られたい」という切実な思いを抱き続けてきた。若さを保とうと頻繁にエステやスポーツジムへ通い、ヘアスタイルや服装も実年齢より一〇歳から二〇歳程度若づくりしていた。そうした努力が実を結び、引っ越した先の近所やスポーツジムでは、四〇歳そこそこに見られるようになった。いわゆる「美魔女」である。

ところが、だんだんと「ほんとうの年を知ったら幻滅するのではないか」という不安にとらわれはじめた。そして、人と会うのがおっくうになっていった。やがて彼女は、家のなかに閉じこもりがちになってしまった。

SNSも気づいたら「承認依存」に

私たちが使っているツイッターやフェイスブック、インスタグラムなどのSNSも、軽い気持ちで使いはじめたものの、だんだんと「認められるような書き込みをしなければいけない」というプレッシャーを感じるようになるケースが多い。

私が二〇一八年一二月にインターネットを使ったウェブアンケートで「他人から認めてもらわなければいけないと思いながら書くことはありますか?」と尋ねたところ、SNSを使っている人（四〇九人）のうち五六・四%の人が「しばしばある」もしくは「たまにある」と答えた。

ちなみに「だれに認めてもらわなければいけないと思いますか?」という質問に対しては「友だちや知人など」が七四・七%で、「不特定多数の人」（三四・三%）の二倍以上に達する（複数回答）。SNSの上でも身近な人からの承認にとらわれている実態が浮び上がった。

学生の三人に一人が「呪縛」を経験

とくに子どもの場合、大人との間にはっきりした上下関係が存在する。そのため大人から認められたりほめられたりすると、いっそうそれにとらわれてしまうことがよくある。へたをすると、それが進路や将来に暗い影を落とす。

具体的な例を紹介する前に、それがどれだけ身近な問題かを示しておこう。

二〇一八年九月、私の授業を受けている学生（大半が大学二年生）に対してアンケートを行い、「他人から認められたり、社会的に評価されたりしたことがプレッシャーになった経験はありますか？」と質問した。すると回答した二六七人のちょうど三分の一に当たる八九人が、「ある」と答えた。

二〇歳に届くか届かないかの若さで、まだ社会に出る前にもかかわらず、これだけの学生が「承認欲求の呪縛」を経験し、それが脳裏に焼き付いているわけである。

では、実際にどのようなケースがあるのか。

小中学校の教師から聞いた話、それに学生の体験談などから具体的な事例を紹介しておこう（いずれも本人が特定されないよう、主旨が損なわれない程度にデフォルメしてあることを断っておく）。

ある学生は高校時代、そして浪人時代を振り返り、次のように語った。

僕は高校二年生まではクラブ活動に打ち込んだり、友だちとカラオケに行ったり、ノンビリとした生活を送っていたのですが、三年生になって心機一転、クラブも辞め、猛然と受験勉強に取り組みました。すると成績はメキメキとよくなり、成績優秀者としてみんなの前でしばしば名前を呼ばれるようになりました。そのたびに周りから「ウォー」という声がわき上がります。正直いって、これほどの快感を味わったことは後にも先にもありません。

このままいけば一流大学に入れる――。担任の教師や親はもちろん、親類までが僕に注目するようになり、「○○君はすごい」という声があちこちから聞こえてきました。それからしばらく、僕は有頂天《うちょうてん》になっていたのです。

しかし受験が近づくにつれ、ほかの生徒もスパートするのでいくらがんばっても以前ほどの順位には届かない。けれども、「期待に応えなければ……」という思いは日増しに強くなっていく。それがだんだんと精神的な負担になり、勉強も模擬試験も苦痛でしかたありませんでした。いま振り返ってみると、高校二年まで周りからほめられたり、注目されたりした経験がほとんどなかったので、「期待に応えなければ……」というプレッシャーをいっそう強く感じたのでしょう。

そして、いよいよ大学受験の日がやってきました。試験は思ったほどできず、残念ながら不合格でした。自分では予想していた結果ですが、間違いなく合格すると信じていた親や教師はその結果にとても落胆したらしく、なぐさめる言葉さえ失っていました。僕は入試に落ちたことより、周りを落胆させたことのほうがはるかに辛かったのを記憶しています。

やむなく浪人生活に入っていったわけですが、入試に落ちてからは親も教師も親類も、手のひらを返したように自分には期待しなくなりました。最初はそれが寂しかったものの、やがて肩の荷が下りたので妙にせいせいするようになり、だんだんと勉強に対する意欲がわいてきました。期待されていた現役時代と違って、勉強が楽しいと思えるようになったのは不思議な体験でした。すると成績も復活し、問題なく志望する大学に合格できました。

場合によっては叱るより、ほめるほうが危険

勉強以外の体験について語る学生も多い。ある男子学生は小学校から中学校まで無遅刻無欠席を続けていた。親はそれが何よりの自慢で、近所にも言いふらしていた。ところが高校に入るとだんだんとそれが負担になり、学校に行くのが嫌になってしまった。そしてあるとき、ついに学校を休んで公園をフラフラと散歩した。それが親にばれると、叱られたわけでもないのにもう学校に行けなくなり、欠席が続いて卒業さえ危ぶまれるようになったという。

また、ある女子学生は水泳が得意で中学生時代には地域の記録をたびたび塗り替え、大会でも勝ち続けていた。それとともにコーチの期待は高まり、次は県大会、その次は全国大会というように目標が高くなっていった。しかし、だんだんと自分のためでなくコーチのためにがんばっているのではないかと感じるようになり、コーチの期待と反比例するように泳ぐことの楽しさは失われ、競技の成績も落ちていった――。

幼いころは絵が得意だったが、先生にほめられているうちに少しずつほめられることを意識し、個性が消えてしまったとか、勉強でもクラブ活動でもほめられているうちに「指示待ち」になったという声もたくさん聞かれた。

クラブの部長や生徒会の役員に選ばれ、リーダーにふさわしい振る舞いをしなければならなくなった。それに大きなプレッシャーを感じたという学生も想像以上に多い。

ときには、それが取り返しのつかない悲劇につながる。ある学生の友人（女子）は高校時代、生徒会長に選ばれるなど周囲からの人望が厚く、教師や友人からとても頼りにされていた。しかしその友人は内心、それを重荷に感じており、彼女はときどきその学生に気持ちを打ち明けることがあったという。その友人が突然、自ら命を絶ってしまった。それだけ悩んでいたのならもっと助けてあげられたのではないかと、いまでも後悔しているそうだ。付け加えておくと、まったく同じようなケースをほかでも聞いたことがある。

近年、教育の現場では子どもたちの自己肯定感や自尊感情の低さが問題視され、児童・生徒をほめて育てようという気運が高まっている。前章でも紹介したとおり、実際にその効果はあらわれはじめている。

しかし、効果があるだけに副作用も大きい。一般にほめるのはよくて叱るのは危険だといわれるが、受け止め方によっては叱るより、むしろほめるほうが危険な場合もある。叱られたら反発する子も、ほめられたら否定することが難しいからだ。

「承認欲求の呪縛」をもたらす期待

ここにあげた具体的な事例からも、周囲の期待が「承認欲求の呪縛」をもたらす一つの要因だということを理解してもらえたと思う。ただし正確にいうと、本人がその期待をどれだけ意識しているかが問題であり、実際にどれだけ期待されているかが問題ではない。したがって、それを「認知された期待」と呼ぶことにしたい。

しかし次章で詳しく説明するように、いくら「認知された期待」が大きくても、やすやすと期待に応えられるなら何も問題はない。呪縛に陥るかどうかは、本人がその期待からどれだけプレッシャーを受けているかによる。

いずれにしても、「認知された期待」から受けるプレッシャーこそが「承認欲求の呪縛」の正体だといえる。

こうしてみると、この章の冒頭で紹介した、ある病院でＭＶＰ表彰を受けた職員が次々と離職した理由もおおよその想像がつく。おそらく「期待に応えなければいけない」というプレッシャーが、それ以上働き続けるのを困難にするほど大きく感じられるようになったのだろう。

そこで、この「期待に応えなければいけない」というプレッシャーがどんなものかについて、別の実例をあげながら引き続き考えてみよう。

居酒屋で働く若い店員や、喫茶店でアルバイトをする学生は、店長から仕事ぶりをほめられたら緊張し、ビールやコーヒーをひっくり返して客にかけてしまったという失敗談を聞かせてくれた。ホテルのフロントで接客をしていて、客からほめられたら赤面し、会話ができなくなったという学生もいる。


彼らはまだ若い。「慣れたら大丈夫」。周囲の人たちからは、そう慰められたかもしれない。

「慣れたらプレッシャーは克服できる」はウソ

しかし、ほんとうに慣れたら大丈夫なのだろうか？

数百回の執刀経験があり、手術を希望する患者が全国からやってくるというベテランの外科医が、次のように語っていたのを聞いた記憶がある。若いころはなんともなかったのに、だんだんと手術をするとき緊張するようになり、一時は精神安定剤を服用しないとメスを握る手の震えが止まらなかった、と。

経験豊富なテレビのアナウンサーや司会者からも、あるときから急に緊張してしゃべれなくなったとか、ストレスでメンタルに支障をきたすようになったという経験談を聞いたこともある。

それは、次のような心理的変化によるものと考えられる。

外科医にしてもアナウンサーや司会者にしても、実績を積み、優れた仕事をするにつれて世間の評判が上がる。そして、次もこれくらいやってくれるだろうという期待が高まる。かりにそこで失敗したら評判は一気に傷つく、と考えるようになる。本人がそのリスクを受け入れられないとき、大きなプレッシャーがのしかかる。

たしかに経験を積めば、同じ仕事なら容易にこなせるようになり、自信もついてくる。しかし、それを上回るほど周囲の期待（認知された期待）が大きくなって、ハードルが高くなれば、ストレスはかえって大きくなるわけである。

もがけばもがくほど深みにはまる「アリ地獄」

他人からみると、本人が勝手に期待の重みを背負っているだけであり、気にしなければよいと思うかもしれない。しかし、やっかいなもので気にしないようにしようと努めたら、逆に意識がそこへ集中し、いっそう事を重要視するようになる。

名著『夜と霧』の著者であり、精神科医、哲学者でもあるV・E・フランクルは、人間存在の意味を追求する「ロゴセラピー」を説き、関連してこう述べている。「恐怖症と強迫神経症の病因が、少なくともその一部は、患者がそれから逃れようとしたり、それと戦おうとすることによって起こる不安や強迫観念の増大にあるという事実に基づいている」(フランクル 一九七二、一七六頁)。

このような現象を「精神交互作用」と名づけたのが、「森田療法」で知られる医学者の森田正馬《まさたけ》である。森田によると、そもそも神経症の不安や葛藤は正常な人にも生じる心理状態であり、自分にとって不都合な弱点を取り除こうと努力するほど、その意に反して自分に不都合な神経症の症状を引き出してしまう(岩井 一九八六)。

要するに「期待を裏切ってはいけない」という意識が心のどこかにあるかぎり、その不安を取り除こうと意識すればするほど、まるでアリ地獄のように負のスパイラルに陥っていくのである。

そういうとき、不安を取り除いてやろうとする周囲の努力が、ときにはかえって本人を追いつめてしまう。よくあるのが、次のようなケースだ。

わが子が高校や大学を受験するとき、親は自信をもたせようと思ってつい、「絶対大丈夫だから」と声をかけて送り出す。ところが、そう言われたからといって自信をもてるわけではない。自信がないときには、むしろ絶対大丈夫だと思われているのに落ちたらどうしようと考えてしまう。落ちたら親を落胆させるだろうし、自分もひどくショックを受けるに違いないというようにネガティブ思考に陥るのだ。

そして先ほどの「精神交互作用」が働き、考えれば考えるほど、落ちてはいけないというプレッシャーが強くなる。その結果、実際に力を発揮できない場合が少なくないのである。

ジンクスの裏にプレッシャーあり

スポーツの世界には、それを如実にあらわすデータやエピソードがたくさんある。

サッカーの例を取りあげてみよう。

ワールドカップで過去三大会に優勝したイタリア、スペイン、ドイツは、いずれも次の大会で決勝トーナメントにも進めず、予選リーグで敗退している。世代交代がうまくいかないことや、ほかのチームからのマークが厳しくなったことなどの理由も考えられるが、やはり個々の選手にかかる「勝って当然」というプレッシャーが想像以上に大きかったと思われる。

次のデータは、それを裏づけている。

サッカーのプレーのなかでもとくにプレッシャーがかかるのが、PK（ペナルティキック）戦だといわれている。成功するのが当たり前で、失敗すると敗戦につながりかねない。そして敵も味方も、観客も固唾をのんでキックの瞬間を見つめている。しかも期待が大きいほどプレッシャーは大きくなる。

ある研究では、選手をランク1の「PKの時点ですでに最高の地位にあった選手」、ランク2の「後に最高の地位を得る選手」、ランク3の「最高の地位にはいない選手」の三ランクに分け、PK戦のシュート成功率を調べた。すると、成功率が最も低いのがランク1の選手で、六五％にとどまり、ランク2、ランク3の選手はそれぞれ成功率が八九％、七四％だったという（C・バーディック 二〇一四、五五頁）。

子どもの場合、なんといっても大人からの期待が大きなプレッシャーになる。

大手進学塾で話を聞くと、模擬テストなどの結果で志望校の合格ラインより少し下の子のほうが、少し上の子より明らかに合格率が高いそうだ。実力的にはそれほど大差がないにもかかわらず、少し上の子は「落ちてはいけない」という守りの気持ちに入るが、少し下の子は「ダメでもともと」「一丁やってやろう」という攻めの気持ちで臨《のぞ》める。その違いが、こうした逆転現象を生むのだろう。

それを理解しているベテランの講師は、テストの際には「この問題は手強いぞ」とか、「これは解けなくて当たり前だから」などと言って、生徒が解けなかったときのために「保険」を掛けてやるそうだ。ちなみに、そのやり方は第四章で述べる呪縛を解く方法に通じるものである。

先に述べたように、プレッシャーをもたらす一つの要素が「認知された期待」であり、その期待は実績に応じて高くなる。したがって単純に「慣れたら大丈夫」といえるものではないことがわかる。それだけプレッシャーから逃れるのは一筋縄でいかないものなのだ。

二　認められた人の不幸

「夢の実現」の次に待っている修羅場

新聞に、次のようなエッセーが載っていた。筆者は芸術家だったか文筆家だったか忘れたが、彼はその道の大家である師匠に「いつまでたっても社会的に評価してもらえない」とこぼした。すると師匠は「実力があっても評価されないのは幸せだ。私のように実力以上に評価されるのはどれだけ苦しいか」と答えたそうだ。

たしかに私の周りを見渡しても、なかなか認められないと嘆く人は何人もいるが、実際に多少なりとも認められた人を思い浮かべてみると、その人が幸せな人生を送っているかといえば、必ずしもそうではないようにみえる。

一般的にいえば、華々しく賞賛され、大きな名誉や名声を得た人ほど、その反動も大きくなりやすい。

一九九二年にバルセロナで開かれた夏のオリンピック。競泳女子二〇〇メートル平泳ぎに出場した当時中学二年生で一四歳の岩崎恭子は、競泳史上最年少の金メダル獲得という快挙を成し遂げた。あどけない顔をした彼女がインタビューで口にした「いままで生きてきたなかで、いちばん幸せです」という言葉を聞いて、胸を熱くした人も多かったのではないか。

私も素直に感動した。その一方で、こんなに早く人生のピークを迎えてしまい、これから先がたいへんだな、という心配が頭をよぎったのも事実である。案の定、彼女はその後、周囲から注目されるなかで記録が伸び悩み、大きなプレッシャーに苦しみ続けたという。

「勝って当然」の重圧と闘った高梨沙羅、稀勢の里

記憶に新しいところでは、二〇一八年冬の平昌オリンピック、スキーのジャンプで銅メダルを獲った高梨沙羅も、周囲の大きな期待に苦しんだ一人である。二〇一四年のソチオリンピックでは直前のワールドカップで圧倒的な強さを発揮し、金メダル確実といわれながら本番で記録が伸びず、四位に終わった。

彼女がソチオリンピックの後、次を見すえて何とかプレッシャーを克服しようと懸命に努力していることは、彼女が発する言葉の端々からも、その行動からもうかがえた。それまでのあどけなさが残る容姿から、急に大人っぽいルックスに変身したときには驚いた人も多かったことだろう。またテレビのCMに登場し、明るいキャラを披露するようになったのも、自分の殻を打ち破ろうというねらいがあったのではなかろうか。

二〇一七年に大相撲で一九年ぶりの日本出身横綱となり、二〇一九年一月場所中に引退した稀勢の里も、昇進前には大相撲ファンの期待を一身に集めながら、その期待を何

度も裏切ってきた。第一人者の白鵬《はくほう》を真っ向勝負で何度も倒し、「地力は抜群」といわれただけに、彼自身の「認知された期待」はいっそう大きかったに違いない。

人一倍まじめな性格の彼がそれを真正面から受け止め、大きなプレッシャーを感じていたことは、取り口だけでなく、土俵上や土俵下で瞬きを繰り返す姿などにもはっきりとあらわれていた。さらに仕切りながら笑みを浮かべるのを見て、異様な感覚をおぼえた人も少なくなかったはずだ。彼がプレッシャーをはねのけようと、試行錯誤していたことは容易に想像できる。

しかし高梨にしても稀勢の里にしても、何とかプレッシャーを克服しようとする努力は、結果を見るかぎり成功したようには思えない。そもそも態度や行動の変化は内面の変化の結果であって、その逆ではない。したがって態度や行動という外面を変えたからといって、必然的に内面が変化するわけではないのだ。

もっとも外面から変えるという方法がないわけではない。しかし、そこには落とし穴がある。プレッシャーを克服するために態度や行動を変えているのだと意識しているかぎり、ほんとうのこだわりは意識のほうにあるため、呪縛から逃れるのは難しい。それどころか、前述したように策を弄すれば弄するほど、逆にプレッシャーを強く意識させせかねない。

高梨も稀勢の里も、傑出した実力と並々ならぬ努力によってその逆風を乗り越え、見事に銅メダル、横綱という結果を手に入れたし、岩崎にしても長い間苦しんだ末、新境地にたどり着いた。

しかし、なかにはプレッシャーにつぶれてしまう人も少なくない。とりわけスポーツ選手や芸能人には、もともと「認められたい」「注目されたい」という承認欲求が強い人が多い。それが成功の原動力になっていると同時に、その反動もまた大きい。

清原和博の栄光と挫折

高校時代、一年生から強豪PL学園の四番に座り、甲子園でホームランを連発してチームの全国制覇に貢献した清原和博もその一人だ。

同じく一年生の桑田真澄投手とならんで、彼はまさに高校野球界のスーパースターだった。その後も稀代のホームラン打者として華やかな野球人生を歩んだ彼が、甲子園の鮮烈デビューから三〇年あまりたった二〇一六年、覚醒剤取締法違反で逮捕され、世間を騒然とさせた。まさに天国から地獄への転落である。しかし、いきなり天国から地獄に落ちたわけではない。その間に彼は、いくつもの大きな挫折を経験している。

清原和博の挫折、転落には承認欲求が深く関わっているようにみえる。彼の手記（清原 二〇一八）などから、転変の軌跡をたどってみよう。

超高校級のスラッガーとして甲子園で計一三本のホームランを打った彼は、自身が語っているように周りの人が期待したり、喜んだりするような勝負には燃えることができるが、そういう空気が感じられないと淡泊になってしまう性分だ。そんな彼は高校卒業後、「日本一の男」になることを夢みて巨人入りを熱望した。

ところが一九八五年のドラフト会議では、信じていた巨人から一位指名が得られず、おまけにチームメートでありライバルだった桑田真澄が、巨人から一位指名されるという屈辱を味わう。それでも西武に入団後は、自分を裏切った巨人を見返そうという思いをバネに努力を重ね、西武に在籍した一一年間で八回リーグ優勝したうえ、巨人を下して日本一になるなど、みごとに雪辱を果たした。

そして一九九六年にＦＡ（フリーエージェント）宣言をし、ようやく念願だった巨人に入団する。しかし巨人では思うような結果を残せず、再び挫折を味わうことになる。手記からは「タイトルを獲りたい」「周りに認められたい」という意識が強すぎて、それが空回りしている様子がうかがえる。とりわけ彼にとってショックだったのは、前を打つ松井秀喜が敬遠され、清原で勝負というシーンであり、そのたびに感情のコントロールができず、力んで凡退した。

注目したいのは彼自身が認めているように、チャンスで燃えることのできた自分が、そういう状況でことごとく打てず、自分自身で苦しんだということだ。承認欲求が強いほど、その呪縛による苦しみも強くなることを示している。

そして彼が成績を残せなくなっていくのと比例して、スタンドのファンからも応援されなくなる。

当時の心境を彼は、「ジャイアンツに入ってからは何のために野球をやるのか、そういう根本的なものが少しずつ変わっていった」（前掲書、一〇三頁）と振り返る。その理由についてこう述べている。「スタンドのファンから応援されないっていうのは、それくらい僕にとって辛かったです。僕はずっと誰かから期待されたり、応援されたり、満員のお客さんが僕に何を望んでいるのかを感じたり、そういうことを力にしてバットを振ってきたんで」（前掲書、一一二頁）。

人一倍強い「認められたい」という欲求が栄光への原動力になった一方で、その欲求が満たせなくなってからは、逆に欲求の呪縛に追い込まれていった様子がうかがえる。

亀田大毅、キャラを演じたがゆえの転落

清原の苦悩は現役引退後も続く。周囲の人たちの彼を見る目からはいつまでも「番長」のイメージが消えなかった。素顔の彼はとても繊細でまじめな人物である。それだけに実像とギャップのあるこわもてのキャラを求められ、その期待に応えようとしたものの難しかった。そう告白している。

偽装されたキャラが先行し、道を踏み外していった選手はほかにもいる。

いっとき、日本のボクシング人気を独り占めにした亀田三兄弟。なかでもタイトル戦で反則を犯して、一年間のボクサーライセンス停止の処分を受けた次男の亀田大毅がそうである。

彼はもともと読書や絵を描くのが好きな少年で、ずっとボクシングは嫌いだったと後に告白している。引退後の姿を見てもわかるように、素顔の彼はアウトロー的なイメージとはほど遠い人間なのである。

しかし、デビュー戦をKO勝利で飾り、メディアや周囲からベタぼめされた彼は、調

子に乗って超ド派手ファッションやビッグマウス発言を繰り返す。それがマスコミに大きく取りあげられると、言動はますますエスカレートする。知らず知らずのうちに彼は、周囲から期待されるキャラを演じようと無理をしていたのだろう。

そして内藤大助チャンピオンとのタイトル戦の前には、会見で「負けたら切腹する」と大口をたたいた。ところが、いざ試合に臨むと相手に歯が立たず、負けそうになったため動転し、悪質な反則行為を働いてしまったのである。

清原にしても亀田にしても、期待に応えようとするまっすぐな性格が災いしたといえるのではないか。

演じているキャラが一人歩きする怖さ

ところで、一つ注目してもらいたいことがある。それは二人ともほんとうの自分とは異なるキャラを演じていた、いや、むしろ演じさせられていたということ。そしてもう一つは、もうそのキャラを演じる必要がなくなった段階でも、自ら演じていたように見えることである。

後者については、「番長」や「ヒール」のイメージに対して世間の目が批判的になったにもかかわらず、決定的な挫折にいたるまで演じ続けたところから見て取れる。

なぜ、期待のプレッシャーがなくなっても、ほんとうの自分とは異なるキャラを演じ続けたのか？

それは心理学の「認知的不協和の理論」（L・フェスティンガー 一九六五）によって説明できる。だれでも心のなかに不協和、すなわち矛盾や葛藤があると不快に感じる。したがって不協和があれば、それを解消しようとするのだ。

清原や亀田の場合、「番長」「ヒール」というキャラはほんとうの自分からかけ離れている。そのため、つくられたキャラを演じるのは不快だし、疲れる。しかし当初は、期待に応えるためキャラを演じなければならなかった。そこで不協和の不快さから逃れるため、逆に自分をキャラに合わせようとする。しかも不協和が大きいほど、それを解消するため自分を変えようとする努力も大きくなる。

自ら進んでキャラを演じているうちに、だんだんとキャラが板についてくる。やがて、キャラを演じるプレッシャーを感じなくなっても、つくられたキャラで生きていくようになったのだと推察される。

さらに世間の目が厳しくなりバッシングされるようになると、不協和を解消するためいっそう、つくられたキャラを積極的に演じようとするようになり、特異な言動が際限なくヒートアップしていく。そこが怖いところなのだ。

行為の善悪はまったく異なるが、おそらく過労自殺した人や不祥事を起こした人の心のなかにも同様の心理的メカニズムが働いていたのではなかろうか。実際に記録や報道からは、期待のプレッシャーを感じなくなってもなお無理をして働き続けたり、抵抗なく不正を行ったりしていた可能性が読み取れる。

ミシュラン三つ星がもたらした悲劇

期待の重荷に耐えられず、もっと不幸な結果を招く場合がある。

ベルナール・ロワゾーというフランスの料理人がいた。彼はバターやクリームなどを使わない独自の調理法で人気を集め、ミシュランの三つ星を獲得した。その恩恵を受け、自ら経営するレストランは大いに繁盛したという。ところが、やがて一部からこのレストランの評価を疑問視する声もあがった。そうした声を気にし、三つ星を失うのではないかと恐れた彼は、二〇〇三年に自殺を遂げたといわれる。

時代はかなり遡るが、かつて日本にも期待の重荷から命を絶ったヒーローがいた。

「父上様母上様　幸吉は、もうすっかり疲れ切ってしまって走れません」という衝撃的な遺書を残して自殺したマラソン選手、円谷《つぶらや》幸吉がその人だ。

一九六四年の東京オリンピック。五輪の華といわれるマラソンで、大健闘した円谷は「哲人」アベベに次ぐ二位でゴールのある国立競技場に帰ってきた。万雷の拍手と声援のなか、ゴール前でヒートリーに抜かれて惜しくも三位になったものの、日本人選手として陸上競技唯一のメダルを獲得した。

一躍、日本のヒーローとなった彼は、次のオリンピックで金メダルが期待された。ところが練習環境が悪化したり、故障をくり返したりといった不運に見舞われ、このままでは周囲の期待に応えることが難しくなった。人一倍まじめで、責任感の強い彼はそれに耐えきれず、自殺という道を選ばざるをえなかったのである。

ここにあげたのはいずれも一度、栄光を手にした人たちである。普通は周囲の期待が大きくなるほど、期待に応えようという気持ちが強いほどがんばるものだ。そのため成功に近づくという側面はある。

しかし、彼らのように期待が大きくなりすぎると、プレッシャーにつぶされるリスクも高まる。したがって幸と不幸は紙一重といってよい。栄光を手に入れようとしている人は、ある意味においてギリギリのところで勝負しているわけである。

だれでも、いったん得た評価は手放せない

一般人の場合、それほど強烈な承認欲求をもつ人は多くない。立身出世主義が大手を振るった戦前と違い、戦後は年とともに「出世したい」「偉くなりたい」という積極的な出世欲がだんだんと影を潜めるようになった。しかも成熟社会に入り、経済的にも大きな成長が見込めなくなった今日、各種の調査結果をみても、その傾向はいっそう鮮明になっている。

日本生産性本部が毎年行っている新入社員の意識調査には、「どのポストまで昇進したいか」という質問項目がある。二〇一八年の回答は、「社長」が一〇・三％で過去最低となる一方、「どうでもよい」が一七・四％で最も多くなっている。

そもそも成功して脚光を浴びたり、社会的に注目されたりすることじたいが容易ではなくなってきている。

それでもなお、多少なりとも認められたら、人はその呪縛に苦しめられることが少なくない。強く望んでもいないのに、いったん獲得した地位や評価は容易に手放せないも

のである。
なぜそれを手放せないのか。その理由を次に説明しよう。

三　なぜ承認にとらわれるのか

承認を失うと、やる気、自信が消え、成績も下がる

いったん頂点を極めた人がもがき苦しんだり、不幸に陥ったりする姿を目にして、なぜそこまで承認にとらわれたのか、なぜ周囲の評価や期待に応えようとしたのかと不思議に思う人が多いのではなかろうか。また、それは成功者など一部の人だけに当てはまる話だといわれるかもしれない。

しかし人はだれでも意識しているか否かはともかく、何らかの形で周囲から承認を得ている。そして、姿の見えない承認にとらわれてしまう。

まず知っておいてほしいのは、承認によって得られたものの多くは、承認されなくなったら失われるということだ。

第一章で披露した研究の結果を思い出してもらいたい。承認されることによって、内

発的モチベーション、自己効力感、評価・処遇への満足度が高まり、仕事の成績も向上した。また、離職を抑制する効果があることもわかった。

したがって、おおざっぱにいうなら、かりに承認を失えばこれらの効果がすべて消えてしまうわけである。

内発的モチベーションが下がるのは、日々楽しく取り組んでいた仕事や活動が楽しくなくなることを意味する。

かつて私は、企業の研究所で働く研究者や技術者にインタビューをして回ったことがある。彼らに対して、「仕事で楽しいとき、ワクワクするときはどんなときか？」と聞いてみた。すると、自分が開発した製品が消費者に受け入れられたときや、他社のライバルたちが驚く姿を想像したときだ、という答えがたくさん返ってきた。

逆に、自分が開発した技術や製品が不評だったり、だれも無関心だったりしたら、「楽しい」とか「ワクワクする」といった気持ちが保てるだろうか？　おそらく楽しさもワクワク感も失せてしまうに違いない。

もちろん研究者や技術者にかぎらない。「お客さんに喜んでもらいたい」「仲間と楽しく働きたい」という人は多いが、それだって客や仲間から感謝されたり、認められたりすることが前提になっている。

このことからも、内発的モチベーションさえ多くの場合、承認によって支えられていることが理解できよう。

また承認を失えば自己効力感、すなわち「やればできる」という自信が消える。すると何ごとにも消極的になり、物事に挑戦しようという意欲はわかなくなるはずだ。

さらに、承認されないと自分の評価や処遇に対する不満が強まる。その一方で成績は下がっていく(承認されると成績が上がった事実を思い出してほしい)。しかも成績が下がればいっそう承認されなくなるので、ますます成績が下がるという悪循環に陥るだろう。そして働き続けるのがいやになり、仕事を辞めたいと思うようになるかもしれない。

実証研究に基づくエビデンスからだけでも、以上のような推測が成り立つわけである。それだけではない。第一章で述べたとおり、承認は他の欲求や有形無形のさまざまな報酬とも結びついている。

俗っぽい話だが、他人を思うように動かしたいという支配欲や、豊かで安定した生活を送りたいという安全・安定の欲求、異性を引きつけたいという欲望なども承認によって満たされるケースが多い。したがって承認されなくなれば、それらも失う可能性が高い。

失うときの価値は、得るときの価値より何倍も大きい

人によっては、そんなものにこだわる必要はないと思うかもしれない。

認められたことがどうしても負担になるなら、認められて得たものをすべて返上すればよい。自分自身を振り返ってみても、認められなかったからといって、とくに大きな不満があったわけではないし、役職に関していえば、平社員のころだってけっこう楽しくやっていたではないか。はたからは、そのように思われるかもしれない。

しかし、それほど簡単には割り切れないのが現実なのだ。いま役職に就いている人は必ずしも就きたくて就いた人ばかりではない。にもかかわらず、多くの実例が物語っているように、役職の地位を奪われるとなると大多数の人が反発する。また会社や役所では、以前から組織をフラット化、スリム化しようと試みるが、管理職のポストが減ることへの激しい抵抗があってなかなか進まない。

こうした事例が物語っているように、たとえ承認されることをそれほど求めていなく

ても、いったん承認されたらそれを手放すことは難しいのである。ちなみに、それは承認にかぎったことではなく、多くの事柄に当てはまる一種の法則というか、原理である。

そこに働いている心理を、行動経済学者のR・セイラーは「保有効果」と呼び、次のような例をあげて説明している（Thaler, 1980）。

ある人が一九五〇年代の終わりに良いワインを一本あたり約五ドルで購入した。数年後、ワイン業者がそのワインを一本当たり一〇〇ドルで売ってほしいと申し出たが、彼はその申し出を拒否した。一方でその人は、同じワインを三五ドルより高い価格では購入しようとしないことがわかっている。つまり、この人はそのワインに三五ドルの価値しか認めていないにもかかわらず、その倍以上の金額でも手放すのは惜しいと、考えたことになる。

同じようなことは、私たちの日常生活でもしばしば経験する。たとえば月給が一〇〇〇円上がってもさほどうれしくないのに、一〇〇〇円下げられたら気分が悪いし、やる気もなくなる。パチンコで一〇〇〇円負けたら、それを取り戻そうと何倍ものお金をつぎ込む人がいるが、そこにも同じ心理が働いているのかもしれない。

そこに感情が加われば、いっそうその落差が極端になる。次のような例を考えてみよう。

ペットショップで愛玩《あいがん》用に犬か猫を三万円で買ったとする。それを一か月ほど自宅で飼っても、客観的な価値はほとんど変わらないはずだ。けれども、飼い主はそれを三万円で売るだろうか。かりに三〇万円で売ってくれといわれても、たいていの人は応じないだろう。

ちなみにそうした主観的価値と客観的価値のギャップに目をつけて利益を得るのがビジネスである。さらに話を先取りすると、いわゆる「やりがい搾取」、そして「承認欲求の搾取」もまたそのギャップにつけ込んだものだといえよう。


助けを求めるくらいなら、いじめられるほうがマシ

ペットの例が象徴するように、感情が絡んでくると単純な客観的計算では割り切れなくなる。それが自分自身の名誉や誇りになると、人格そのものに関わるだけに手放すことはいっそう難しい。

ここで承認欲求の重要な特徴を思い出してほしい。承認欲求は「尊敬・自尊の欲求」とも呼ばれる。このことは、他人からの承認と自分自身の価値を認める自己承認や自尊

感情とが密接な関係にあることを意味する。したがって他人からの承認を失えば、自分の存在価値すら感じられなくなる。極端ないい方をすれば、自分が自分でなくなるわけである。

そのことを念頭に置けば、はたから見て理解に苦しむような行動も納得がいく場合がある。とくに子どもの場合、人生経験が乏しく人間として未成熟なうえに、大人とは別の世界で生活している。だからこそ当人の視点に立ってみることがいっそう必要になる。それを怠ると、取り返しのつかない事態に発展する場合がある。

残念なことに、わが国ではイジメが原因で自殺する子が後を絶たない。そのたびに大人たちは、いじめられたら悩みを抱え込まないで親や教師に相談するよう言い聞かせる。それでも同じような悲劇は繰り返される。

大切なのは、子どもがどんな世間で生きているか、そのなかで承認を失うことがどれだけ耐えられないかを深く洞察することではなかろうか。

多くの子どもにとって、学校は最も重要な「世間」であり、その中心はクラスや友だちのグループである。そこで同じメンバーが長く過ごすうちに、自然と独自の掟《おきて》や慣行が生まれる。

そのなかで子どもたちは徐々に自分のキャラが受け入れられ（あるいは周囲によってつくられ）、自分に対する周囲の評価も定まっていく。そして、仲間との人間関係のなかで演じるべき役割も自ずと決まっていく。

集団のなかにある掟や慣行、仲間内での評価基準には、大人が気づかないほど微妙なものや、大人の視点からは滑稽に思えるもの、あるいは危険なものも含まれている。いずれにしても、子どもの世間における評価と大人社会のそれとは、尺度も重みも大きく異なる。

一方で子どもは家族の一員でもある。親や兄弟からは、「明るく元気な子」とか、「強い兄」「頼りになる姉」といった評価を受けている。教師からも同じような目でみられているかもしれない。少なくとも子ども自身はそう受け止める。つまり友だちのなかでのキャラや役割と、家庭などにおけるそれとの間に乖離があるわけだ。別の顔を使い分けているといってよいかもしれない。

このような立場に置かれている子どもが、かりにクラスや友だちグループのなかでいじめられたとする。

子どもの立場からすると、「明るい元気な子」「強い兄」「頼りになる姉」という評価をもらっている家族や教師に対し、仲間にいじめられたからといって助けを求めることができるだろうか。

助けを求めることは、築いてきた高い評価や尊敬、すなわち承認をすべて失うことになりかねない。面子《めんつ》が丸つぶれになるのだ。学校でいじめられていることを知った弟や妹に冷やかされるかもしれない。それくらいなら、いじめられるのをがまんしているほうがマシだ、と考えるのはむしろ当然ではなかろうか。がまんしているうちにイジメがエスカレートし、本人もがまんの限界を超える。そうなると自殺という道を選ばざるをえなくなる場合がでてくる。

一方、いじめる側はもともと悪い人間ばかりかというと、そうとはかぎらない。一人ひとりは良心があり、分別を備えた人間であっても、集団のなかで認められるためにはいじめる側に立つか、見て見ぬふりをしなければならない場合がある。

要するに、集団のなかで認められたい、認められなければならないという意識が悲惨なイジメの被害者と加害者を生むわけである。

これと似たことは男女の関係でもしばしば起こる。しかも男女間では男性として、あるいは女性としてのいわば生物学的な承認が絡む。

いうまでもなく恋愛は理性や打算を超えた感情そのものである。もちろん理性や打算とまったく無関係ではないが、お金や権力ではたとえ相手の体は引きつけられたとしても、気持ちは引きつけられない。恋愛では純粋な人間の魅力が問われるわけであり、愛されるのは、ある意味では究極の承認である。男性にとっても女性にとっても、失恋や離婚はその承認を失うことを意味し、自我がこうむるダメージは大きい。

恋人や配偶者からDV（閉ざされた空間での暴力）を受けても耐え続け、外部からの介入に対してもしばしば相手をかばうような行動をとる（いわゆる「ストックホルム症候群」）のは、パートナーからの承認を手放すことがいかに難しいかを物語っている。

「大事な試合の前に故障」は正常な自己防衛

認められたらそれに縛られ、承認を手放せなくなる。そして苦しむ。多くの人は、そのことを経験的に学んでいく。なかには、そうした事態に陥らないため、あらかじめ自己防衛の行動をとる人もいる。一つは、過大な評価を受けないよう、わざと自己評価を下げようとする行為である。

代表的なものとして、「セルフハンディキャッピング」という行為があげられる。

たとえば、大事な試合の前には、必ずといってよいほど体のどこかを痛めたとか、体調が悪いといったふりをする人がいる。わざと周囲に期待を抱かせないようにしているのだ。「けがをしているのだから勝てないだろう」と思わせたいわけである。これといった大きな故障がないにもかかわらず、いつも手や足にサポーターを巻いたり、体に絆創膏を貼ったりしているスポーツ選手は、もしかすると「期待しないでください」というメッセージを送り続けているのかもしれない。

サラリーマンの世界でも同じような光景が見られる。かつて私が役所にいたころ、大事な会議の前日にかぎって大酒を飲み、当日は必ずといってよいほど二日酔いでやってくる人や、プレゼンの日が近づくとなぜか風邪を引く人がいた。また昇任試験の直前にもかかわらず家族旅行に出かける人もいたが、いま思えば同僚と家族の両方に「期待しないでほしい」とアピールしていたのだろう。

わざと無能を装ったり、「ワル」ぶったりして自分の値打ちを下げる行動をとる場合もある。素直な優等生だった子が思春期になって突然、髪を赤や黄色に染めたり、乱れた服装でうろついたりするようになることがある。思春期は「自律の危機」に敏感になる時期だけに、このままでは親や教師の期待に操られてしまうと感じてわざと反抗し、期待を抱かせないようにしているのである。

若者に嫌われる「期待しているよ」

若者にとって期待のプレッシャーがいかに大きいかは、意識調査にもあらわれている。

ライオン株式会社が二〇一二年に行った「新社会人のプレッシャーに関する意識調査」によると、新入社員時代にプレッシャーを感じた、心に重くのしかかる上司の言葉として「期待しているよ」が三位に入っている。とりわけ若い人にとって、期待をかけられることはありがたい反面、迷惑なもののようだ。

承認の重荷から逃れようとする、もう一つの方法はあらかじめ評価の下落を防いでおく行為である。

先に説明したセルフハンディキャッピングには、あらかじめ大きな期待を避けられるのを防ぐとともに、失敗したときに自己評価が大きく低下することを予防しようという意図も含まれている場合が多い。たとえ失敗しても、「体調が悪かったので実力が発揮できなかっただけだ」「実力はあるのだけれど、勉強しなかったから落ちたのだ」と思ってもらいたいのである。

ところで、小中学校の教育現場では、「努力をほめるのはよいが、能力や成果をほめるのは控えたほうがよい」とよくいわれる。能力や成果をほめられた子どもは、期待を裏切らないため、そして自信をなくすのが恐いため、失敗のリスクをともなうものに挑戦しようとしなくなるからである。

しかし、だからといって努力をほめればよいかというと、そうとも言い切れない。なかには努力をほめられると「がんばらないといけない」というプレッシャーで学校に行けなくなる子がいるし、逆に効率的な努力かどうかを考えず、がむしゃらにがんばってしまう子もいる。

どのようなほめ方が望ましいかという議論はとりあえずおくとして、学校に行かないというのは見方によればプレッシャーへの一つの対処方法である。また、先に述べたような自己防衛のための異常にも映る言動（セルフハンディキャッピング）も、自分が置かれた状況に対処するために必要だったとも考えられる。むしろこのような自己防衛的行動をとらず、周囲の期待を真正面から受け止めてしまう人が危ない。

メダリストを苦しめた「走れメロス」の心境

ところで、大きな承認を得ている人ほど、承認されなくなったときに失うものも多いのが普通だ。したがって先に取りあげたメダリストや成功者の場合、一般の人以上に呪縛は強くなる。それが社会的な転落や自殺といった悲劇につながった可能性がある。

彼らがどれだけ精神的に追いつめられ、苦悩を味わったかを理解するため、彼らの置かれた立場に立って考えてみよう。

成功者や有名人にとって重要な存在は、やはりファンや応援してくれる多くの人々である。

ファンは、好きなスポーツ選手や芸能人を、ある意味で自分と同一視する。好きな選手が活躍すれば自分が活躍したような気分になって元気がでるし、好きな歌手の歌がヒットすれば自分のことのようにうれしい。だからこそＡＫＢ48のファンは、なけなしの小遣《こづか》いをはたいてでも応援する歌手のＣＤを買い、投票権を得て総選挙で勝たせようとするのである。

成功者や有名人の後ろには、このようなファンが数え切れないほど存在する。ちなみに芸能情報によると、ジャニーズのなかでも絶大な人気を誇る嵐のファンクラブ会員数は二〇〇〇万人を超えるといわれる。それだけの人が自分たちの歌、踊りや演技に夢中になっているのだ。

さらに純粋なファンだけでなく親や親類、同級生たちのなかにも自分のことを誇りにしてくれる人がたくさんいる。もちろん、なかにはねたむ人もいるだろうが。

成功者や有名人たちは、彼らのこうした期待を一身に背負っている。そこにあるのは「落胆させてはいけない」「期待に応えなければならない」という消極的あるいは受け身の承認欲求である。そのプレッシャーが一般の人に比べて格段に重いのである。

そして、それから逃げようにも逃げられない。おそらく逃げようとか、あきらめようとか思ったこともあるだろう。しかし現実に自分を陰で支え、自分の存在によって生活している関係者がそれを許さないことは容易に想像できる。さらに期待しているファンや家族、友人たちの落胆する姿が脳裏に浮かび、気を引き締め直していたのではなかろうか。まるで「走れメロス」の主人公のような心境だったに違いない。

病気で余命幾ばくもない作家が読者を裏切らないため、芸能人がファンをがっかりさせないため、残された時間と体力を振り絞って仕事をする姿を見ると、その期待がどれだけ重いか想像できよう。

要するに成功者や有名人の場合、「認知された期待」が大きいうえに、背後にどれだけの人がいるかを考えたら、簡単に期待を裏切ることができないのである。

有名人、成功者は別世界の人か？

ここでは象徴的な存在として有名人や成功者に注目してみた。しかし、彼らが感じる呪縛は一般の人とまったく別次元かというと、そうではない。

たいていの人は学校を卒業し、社会に出て仕事に就き、職業生活でキャリアを積んでいくにつれて、知らず知らずのうちに仕事上で受ける期待が増していく。家庭や地域、親族関係などから受ける期待もだんだん大きくなる。それにともなって誇りやプライドも膨らんでいく。

つまり無意識のうちに期待の重荷を背負っているのである。年とともに義理や恩のしがらみが増えていくのもそのあらわれだ。そして大きくなった期待を容易に下げられないのも、すでに説明したとおりである。

さらに最近はネットに投稿した動画が人気を集め、一〇代、二〇代の若者が人気ユーチューバーとしていきなり「有名人」になるような例もある。経験も心の準備もできていないだけに、「期待に応えなければいけない」というプレッシャーから過激な投稿に走るケースも増えているようだ。

次章では、その先にどれだけ危険な落とし穴が隠れているかについて、世間をにぎわした事件や社会問題を読み解きながらみていくことにしよう。

第三章　パワハラ、隠蔽、過労死……「呪縛」の不幸な結末

前章で述べたように「承認欲求の呪縛」が自分自身を追い込み、それがある限界を超えると、しばしば取り返しのつかない事態を招く。そして最近、他人や組織・社会にも重大な害悪をもたらすケースが目立つようになった。

大きな社会問題となった電通の過労自殺や過労死事件、世間をにぎわした官僚や大企業の社員による度重なる不祥事、それにスポーツ界で次々と発覚した暴力やパワハラなどは、いずれも背後に「承認欲求の呪縛」が潜んでいると考えられる。彼らはなぜ一線を越えてしまったのか？

それを特殊な人による、例外的なケースとしてかたづけることはできない。だれでも一定の条件が備わったときには、同じような問題を引き起こす可能性がある。しかも私

たちを取り巻く環境の変化により、その危険性が高まっているのだ。

また問題の本質、つまりそれらが「承認欲求の呪縛」によって引き起こされていることを見逃していると、よかれと思って行った対策が、皮肉にも問題をいっそう悪化させかねない。

そこでまず、大きな事件や出来事のどこに「承認欲求の呪縛」が潜んでいるかを説明しよう。つぎに、なぜ最近になって呪縛による過労死・過労自殺や、エリートによる組織不祥事が次々と引き起こされるようになったのかを明らかにする。そして最後に、日本的な背景のもとでは不祥事への対策が十分な効果をあげないばかりか、ときには逆効果になる理由を述べることにしたい。

一　ブラックバイト、過労死……認められたゆえの悲劇

電通事件が残した教訓

二〇一五年の一二月二五日、人々がクリスマス気分で浮かれている日の朝、大手広告代理店、電通の新入社員だった高橋まつりさん（当時二四歳）は、会社の社員寮から飛

び降りて自ら命を絶った。徹夜や未明までの勤務が続くなど、あまりにも過酷な勤務が彼女を自殺に追い込んだとして刑事事件にまで発展した。そして、政府の「働き方改革」が本格的に始動するきっかけにもなった。

事件の社会的背景や労働現場の問題点はひとまず措くとして、まず亡くなった高橋さんがどんな人だったか、手記などに記されたエピソードをもとにしながら探ってみよう。

高橋さんの母親が残した手記によると、母子家庭に育った高橋さんは小学校時代、塾の授業料を減額してもらったが、「自分が合格して実績を残すことが先生たちへの恩返し」だと思い、がんばっていたという。

また電通に応募する際の履歴書には、「逆境に強い。強靭なストレス耐性。できない理由を見つけて文句を言うのではなく、強い信念を持って努力すれば解決できる、というのが私の信条である」と書かれていたそうだ。そして入社後には、「人間と密にコミュニケーションをとり意見や利害の調整をしていくことが社交的で責任感のある自分に向いている」と抱負を述べていた（いずれも高橋幸美・川人博 二〇一七より）。

こうした記述からは、まじめで責任感の強い高橋さんの性格が伝わってくる。だからこそ、周囲からの過大な負担を真正面から受け止めてしまったのだろう。メンタルヘルス対策に従事する産業医の大室正志《おおむろまさし》も、彼女はいろいろなことにぜんぶ完璧に対応しようとして気を利かせすぎ、容量オーバーになる「過剰適応型」だったのではないかと述べている（大室 二〇一七）。

断っておきたいのは、彼女のような性格がけっして異質でも、特殊でもないということだ。後に述べるように、このような性格は日本人にきわめて多く、ある意味では模範的とされたタイプである。問題は、一方でそれが過労死や過労自殺に追い込まれやすい危険性をはらんでいるところにある。

過労死、過労自殺……共通する人物像とは

過労死・過労自殺（未遂を含む）の件数は二〇一六年に労災認定されただけでも一九一件に達する（厚生労働省二〇一七年版「過労死等防止対策白書」）など、大きな社会問題になっている。社会政策論などを専門とする経済学者の熊沢誠は、過労死や過労自殺の事例をていねいに分析しているが、そこからも同様の人物像が浮かび上がってくる。

熊沢の著書『働きすぎに斃《たお》れて』のなかから一例を紹介しよう。

現場リーダーの過労自殺として注目された川崎製鉄の生産管理掛長は、「仕事では自

分にも部下にも厳格さを要求する『几帳面』で『完全志向』の性格であり、きわめて責任感がつよかった」。地方採用者として最初に掛長になった彼は、「本社採用者に『負けないように』『……後々の評価につながるので』いっそうがんばらねばならないと、いつも滋美（妻：引用者注）に語っていたという」（熊沢　二〇一〇、二二七―二二八頁）。

さらに熊沢は、オタフクソースの工場現場で働く社員が、心身を疲弊させたうえで自ら命を絶ったケースを取りあげ、精神科医の「鑑定意見書」に記された次のような文言を紹介している。

「身体にきざまれたスポーツマンの感覚は、どんなに苦しくても、不利であっても、最後までがんばれという信条であったろうし、（中略）試合を放棄することはできないのである。……木谷氏は性格的には、いわゆるいい子であり、いい子の役割を演じ続けてきた。周囲の期待に応え、望まれるように行動する優秀社員である。それは屡々《しばしば》過剰反応を生む。……体力、気力の限界を超えてでも全力をつくす。企業内では責任感のある、たのもしい人材と評価されるが、屡々人間の有限性によって裏切られる」（熊沢　前掲書、二五〇頁）。

彼らもまた電通の高橋さんと同じように、責任感とまじめさから過大な期待を真正面で受け止め、自らを追い込んでしまったのである。

とくにわが国の職場では、責任感が強く、仕事をまじめにこなす人には仕事が次々と集まる。最初はそれを意気に感じ、はりきって仕事をしていても、やがてキャパシティを超えて二進《にっち》も三進《さっち》もいかなくなる。たとえていうなら力を入れて伸ばしたゴムが、それ以上伸びなくなったとき、パチンと切れてしまうようなものだ。

いうまでもなく過労死や過労自殺は最悪の結末だが、そこまでにいたらなくても、過度なストレスをもたらす原因として職場環境やマネジメント（人事管理）が大きく関わっていることは疑いがない。そして強い責任感や、仲間への思いやりといった好ましい人間性が災いするのはなんとも理不尽であり、悲しいことだ。

ところで、このようなタイプの人の行動は、一見すると承認欲求と無縁なようである。しかし一歩退いて冷静に分析してみると、本書で注目する消極的な承認欲求と関係していることは否定できない。

次のようなケースを考えてみよう。

ある人が組織や仲間のことを思い、自分を犠牲にしてがんばったとする。期待されていること、感謝されていることがわかればますますがんばる。ところが感謝されないばかりか、その行為がお節介だとして疎まれたり、自分が蔑まれたりしたら、それ以上がんばるだろうか。「もう、がんばってやるものか」と思うのが普通だろう。したがって、いわゆる責任感や思いやりをもった行為も、承認欲求と無縁ではなく、地続きであると考えるべきだろう。

「働き方改革」が進まない理由

危険な兆候は、私たちの身近なところにある。

厚生労働省の「毎月勤労統計調査」（二〇一七年）によると一般労働者（正社員）の年間総労働時間は二〇二六時間であり、主要国のなかでは突出して長い。たとえばドイツ人やフランス人などは、日本人の四分の三程度しか働いていない計算になる。周知のとおりわが国の労働時間が長い原因の一つは所定外労働時間、いわゆる残業の多さであり、年間一七六時間に達している。

また年次有休休暇の取得率は四九・四％（厚生労働省「就労条件総合調査」二〇一七年）で、依然として付与された日数の半分も取得されていないのが現状だ。ちなみに欧米をはじめほとんどの国では一〇〇％近く取得されている。

こうしてみると政府が「働き方改革」を政策の目玉に掲げながら、最大の焦点である労働時間の短縮はなかなか進んでいない現状が浮き彫りになる。

労働時間の短縮が進まない現状については、業務の多忙や人手不足、それにそもそも残業することを前提に仕事が割り当てられている実態など、いろいろな理由があげられている。

しかし、そうした客観的にみて「やむを得ない」理由ばかりではないこともわかっている。

ある調査では、所定労働時間を超えて働く理由として一〇・三％の人が「上司や仲間が残業しているので、先に帰りづらいから」と回答している（労働政策研究・研修機構「働き方の現状と意識に関するアンケート調査」二〇〇五年実施）。

また別の調査では有給休暇を残す理由について聞いているが、「休むと職場の他の人に迷惑になるから」のほか、「職場の周囲の人が取らないので年休が取りにくいから」「上司がいい顔をしないから」という回答がいずれも上位にあがっている（労働政策研究・研修機構「年次有給休暇の取得に関する調査」二〇一〇年実施）。

仕事が忙しいとか、業務に支障がでるからといった理由は別にして、多くの人が上司や同僚への気遣い、言い換えるなら消極的な形で「周りから認められるために」残業したり、休暇を取らなかったりしているのが実態なのである。さらにうがった見方をするなら、忙しいとか業務に支障がでるといった理由をあげる人も、周囲に気を遣って帰れない（休めない）情けなさを認めたくないのかもしれない。

面白いエピソードを紹介しよう。ある中小企業では、社員が毎日遅くまで残業していた。何とか早く帰らせようと思った社長は、「仕事を片付けたら何時に帰ってもよい」と社員に伝えた。すると全員が午前中に仕事を終えて帰ってしまったという。半日で終えられる仕事を、夜遅くまで引き延ばしていたことになる。それだけ周りの目が仕事の効率化を妨げていたわけである。

「呪縛」をもたらすのは制度に原因？

では、そもそも残業することや休暇を残すことが、なぜ認められることにつながるのか？

それは、わが国特有の制度と深い関係がある。

日本の会社や役所は、欧米などと違って大部屋主義で、個人の仕事の分担が明確に決められていない。仕事ができる人やがんばる人は、たくさん仕事をこなしたり、他人の仕事を手伝ったりするのが普通だ。

したがって遅くまで残っている人や、休暇を取らない人は、会社に対しても、周囲の人に対しても大きな貢献をしていると見なされるわけである。逆に早く帰る人や休暇をめいっぱい取る人は、会社や周りの人に迷惑をかけていると見なされる。実際にそのように評価されていることを裏づけるような調査結果もあるが、重要なのは事実かどうかよりも働く人にそう意識させる余地があるということだ。

もっとも、本来なら遅くまで残業すれば残業手当も増えるので、会社に対してはむしろ負担をかけているとみられるはずだ。しかし、そのようにみられない別の制度的な理由がある。

わが国では超過勤務手当の割増率が二五%以上と、他国に比べて低い。ちなみに他国ではおおむね五〇%以上であり、なかには休日出勤になると時給換算で平日の二、三倍にのぼる手当を支払っている国もあるそうだ。そのうえ、わが国では手当がまったく支払われないサービス残業も横行している。

このように低い割増率や無給で残業することは、会社や同僚に対して余分の貢献をしているものと受け取られる。あるいは忠誠の証とみなされる。これも事実かどうかは別にして、少なくとも心のどこかでそう思っている人が多い。

有給休暇についても、海外だと国や地域によっては、残した休暇を会社がかなりの高額で買い取るよう法律で義務づけられている。義務でなくても、多くの企業では実際に買い取っている。

一方、わが国では買い取りが義務づけられていないどころか、買い取ること自体が認められていない。そのため休暇を取得しなければ、そのぶん「ただ働き」したことになる。これもまた、会社や同僚に対して追加的な貢献をしたとみなされる（と思っている）わけである。

現実には、働いた時間と貢献度がかなり一致していた工業社会と違って、ソフト化、サービス化が進んだいまの時代に時間と貢献度の関連は薄くなっている。それでも働く人の意識のなかには、残業をせずに帰ったり、休暇をめいっぱい取ったりすると、上司や同僚からの承認を失うのではないかという不安が染みついているようだ。

子育て中のある女性は、終業時刻が近づくと、どのタイミングで「お先に失礼します」と切り出すかで頭がいっぱいになって仕事に集中できないし、胃がチクチク痛むと語っていた。しかも皮肉なことに、周囲が自分に気を遣ってくれているのがわかるので、なおさら帰りにくいという。

ちなみに育児休業や介護休暇、短時間勤務、フレックスタイムなどの制度についても同じことがいえる。また在宅勤務やテレワークも、がんばっている姿を見てもらえないという点では同じだ。いずれの制度も意識調査では導入を希望する人が多いものの、実際に導入すると、育児休業はともかく、そのほかの制度は利用者が意外に少ないといわれる。やはり、承認を失うのではないかという不安が制度の利用をためらわせるのだろう。

ただ、ここで述べたような不安やプレッシャーを、純粋な承認欲求だけの問題ととらえるのはあまりにもナイーブ（純朴）すぎる。第一章で、承認には有形無形さまざまなものが付随すると述べたことを思い出してほしい。会社や上司から「認めてもらわなければならない」「期待を裏切ってはいけない」という気持ちの背後には、もっと功利的、打算的な理由が隠れているのが普通だ。

それを説明するのに、社会学者、G・C・ホーマンズ（一九七八）やP・M・ブラウ（一九七四）などの「交換理論」が使える。社会学では交換といっても、等価交換を原則とする経済学の交換と違って、将来得られるかもしれない不確実だがより大きな見返りを期待して先に行う贈与に注目する。将来の取引で便宜を図ってもらうため、取引先に中元や歳暮を贈る行為がそのわかりやすい例だ。

それと同じように会社のため、上司のために貢献をして、認められれば、人事評価や将来の昇進、人事異動で有利な扱いをしてくれるかもしれないと心のなかで期待する。逆に残業せずに早く帰ったり、休暇をめいっぱい取ったりすると、人事に響くのではないかと考える。

しかも前述したように社会学でいう交換は、経済学の交換と違って贈与と利得との関係が不等価でかつ不確実なため、どれだけの貢献（贈与）をすればよいという目安がない。だからこそ、ときには無際限に働かなければならなくなるのである。

もちろん、ふだん残業するとき、休暇の取得をためらうとき、それが具体的に何につながるかを考えることはないだろう。しかし、ぼんやりとした損得計算が潜在意識のなかにあることは否定できない。

いずれにしても労働者の側にこのような心理が働いているとしたら、政府がいくら効率的な働き方を推奨し、労働時間の削減を唱えてもあまり効果は期待できないことになる。逆にいうと、効率的に働くことが承認につながるような仕組みさえつくれば、自ずと「働き方改革」は進むはずだ。

ブラックバイトの正体

このように、認められるためにがんばらなければならない、という心理はしばしば「働き過ぎ」につながる。だれでも、ふと立ち止まってみると周囲の期待に自分がコントロールされていることに気づくことがある。しかも、それは期待に見合った地位と待遇を得ている正社員、正規の職員にかぎらない。

NPO法人POSSE代表でブラック企業対策プロジェクト共同代表の今野晴貴は、いわゆるブラックバイトに一度取り込まれてしまうと、簡単には辞められない現実があると指摘し、その原因として仕事に対する責任感や、仲間を見捨てるわけにはいかないという気持ちをあげている。

さらに仕事の責任感は、ある種の「管理責任」にまで及んでいると指摘する。「バイトリーダー」は、学生アルバイト全体がつねに職場に充当されるように調整する責任を負う。このような管理責任を負うことで、より職場全体、仕事全体への責任感は増していき、「自分がやらなければならない」という感情が内からわき上がるのだという（今野 二〇一六）。

彼らはアルバイトなので、いくら大事な仕事を受けもち、大きな貢献をしたからといって、それに見合った給与を得られるわけではない。せいぜい一〇〇〇円程度の時給と、若干の手当をもらっているくらいだろう。それでも、およそ報酬とは釣り合わない強い責任感を持ち、厳しく自分を律しながら働く。

くすぐられたプライドがそうさせているのだ。そして、その「責任感」や「プライド」の少なくとも幾分かは、消極的な承認欲求によって占められているのである。

「承認欲求の搾取」という問題

利に聡い雇い主がそこに目をつけていないはずはない。

教育社会学者の本田由紀は、働き過ぎの一因として、仕事のなかで自己実現しようとする心理を職場に埋め込んだ構造に注目し、「やりがいの搾取」と呼んでいる（本田 二〇〇七）。

それと同じように、認められ、期待されることを意気に感じる心理を利用して報酬と不釣り合いな責任をもたせたり、貢献を引き出したりするのは「承認欲求の搾取」と呼べるだろう。

いわゆるブラック企業やブラックバイトは、その多くが硬軟織り交ぜる形で働く人の責任感や信頼感に訴えているところをみると、「承認欲求の搾取」はもはや経営の常套手段になっているといえるかもしれない。

もっともそれは民間企業にかぎった話ではない。二〇二〇年の東京五輪では企業から多額の協賛金を集めながら、多数の無償ボランティアを使うことが批判を浴びた。「オリンピックという世紀の大舞台を成功させるために役立ちたい」という使命感と、そこから得られるささやかな誇りだけで働かせているとしたら、それも立派な「承認欲求の搾取」である。こうしてみると、「承認欲求の搾取」が日本社会でいかに裾野広く蔓延《まんえん》しているかがわかる。

そうだとしたら、ほめてやる気を引き出し、生産性を上げようとするのも「搾取」と紙一重だということになる。もっとも国や体制の違いを問わず、企業はさまざまな手段を使って社員の意欲と能力を引き出して、生産性を上げることに力を注いできたのであり、それはマネジメントの歴史そのものだといっても過言ではない。

では、どうすれば企業の側は「搾取」のそしりを受けずにすむだろうか？

おもしろい話がある。

日本企業では近年、上司が部下をほめることが大切だという認識が広がりつつあり、それを実践する企業も増えている。多くの社員はほめられただけで気分をよくするし、第一章で紹介したとおり、さまざまな効果もあがっている。

ところが東南アジアに進出した日本企業で、現地の社員をほめたところ、彼らが賃金の引き上げを要求してきたという。「実力や貢献を認めたのだから賃金を上げるのは当然だ」という理屈である。日本人の感覚からすると厚かましいようだが、冷静に考えたら彼らの言い分は筋が通っているともいえよう。

現地労働者の反応によって気づかされたように、大事なのは貢献に対して正当な報酬を支払うことである。

やりがいであれ、承認であれ、本来それは働く人にとって望ましいものであると同時に、それによって意欲が高まり、仕事の成果があがれば企業もまた利益を得る。その恩恵を正当な形で本人にも配分するのが筋だろう。企業はそこから経済的な利益を得ながら、働く人には心理的（主観的）報酬だけですませようというのは、やはりフェアではない。

もっとも、かりに「搾取」と呼ばれなくなったとしても、働かせすぎの問題が解決されるわけではないが。

うつや「ひきこもり」に共通する特徴

「承認欲求の呪縛」は、もちろん働く場にかぎられた問題ではない。

うつやバーンアウト（燃え尽き）といったメンタルヘルスの不調は仕事関係以外の原因でも生じるし、子どもや若者を中心にした「ひきこもり」もしばしば社会問題となる。そして、これらもまた周囲の期待をまともに受け止めることによって陥る場合が多いのである。

たとえば、うつ病休職者を対象にしたある研究では「どんなに厳しい状況でも、課せられている役割や周囲の期待は裏切れないという考え」がうつ病の発症に関係することが示されている（中村聡美 二〇一五）。また、うつ病の認知療法で知られる精神科医のA・T・ベックは、神経症患者は完全に受け入れられるか、完全に拒否されるといった極端な考え方をする傾向があると指摘している（ベック 一九九〇）。

ここで思い出してほしいことがある。

第一章では、承認が自己効力感を高めるため、それによってうつが抑制される可能性があると指摘した。ところが人によっては、逆に承認されるとうつになる危険性が高まると考えなければならない。

その理由は、承認が自己効力感だけでなく、「認知された期待」も高めてしまうからである。後述するように、一般に「認知された期待」と自己効力感のギャップが大きいほど、そしてギャップを強く意識するほどプレッシャーは大きくなる。うつになりやすい人は「期待を裏切れない」と強く意識するだけに、承認がかえってうつになるリスクを高めてしまいかねないのである。

「メランコリー親和型」うつと日本人

ところで精神医学の分野では近年、「メランコリー親和型」という性格が注目されている。それは、もともとH・テレンバッハが唱えた概念であり、まじめ、几帳面《きちょうめん》で秩序を重んじるといった特徴を有する。

このメランコリー親和型の性格がストレスを招きやすいことを、統計的に裏づける研究がある（岩田一哲 二〇一八）。

そして精神科医の芝伸太郎（二〇〇二）は、「メランコリー親和型うつ病」というタイプについて、興味深い分析をしている。

芝によるとメランコリー親和型の人は、他人から「借り」をつくることに耐えられない。その「借り」は義理であったり、借金であったりする。実際、銀行ローンを組んだだけでうつ病が再発した症例もあるという。

つまり「借りを返さなければならない」というプレッシャーが、メランコリー親和型のうつ病を引き起こすというわけである。だとすると、他人からの「期待に応えなければならない」というプレッシャーも当然そこに含まれるはずだ。

しかも他人からの期待は、「彼ならどんなに無理をしてもやってくれるはずだ」とか、「彼女は絶対に裏切らない」というように、人格や人間性にまで及ぶ。どれだけ貢献したら「返済」がすむという明確な基準もない。それだけ人格や人間性への浸透性、粘着性が強いわけである。

したがって期待によるプレッシャーは、お金やモノなどの「借り」よりもいっそう、うつになるリスクを高めるといえるのではなかろうか。そうした推定は、前述した事例で過労死や過労自殺した人の多くがうつを患っていたという事実とも符合する。

注目すべきなのは、このメランコリー親和型の性格が「ごく平凡な普通の日本人」に多くみられる性格であり、よき日本人として高い評価を受けている、という指摘である（芝　前掲書）。

「燃え尽き」の背後にも承認への期待が

次に、「ひきこもり」についてみてみよう。

ひきこもりについて、多くの実態調査を行った社会学者の井出草平《そうへい》は、高校以前におけるひきこもりの例から、ひきこもる理由を次のように説明している。

まず、ひきこもる人は、社会から逸脱する反体制的なタイプではなく、人一倍、逸脱を嫌う傾向がある。また学校にまじめに出席して、まじめに授業を受け、まじめに宿題をするという行動形式がみられること。そのため「学校に行かなくてもいい」「成績が悪くてもいい」「イジメのない集団に移動する」といった選択肢が封じられる。それがひきこもりを生み出すのだと解釈している（井出　二〇〇七、第四章から抽出）。

こうしてみると、前述の過労自殺した人の特徴ときわめてよく似ていることがわかるだろう。自分自身の行動基準を落とせないのである。そのため、周りからの自分に対する評価が高まったり、期待が大きくなったりするとそのままストレスの増加となり、自分を追い込んでしまうのだ。

では、バーンアウトの場合はどうだろうか。バーンアウトとは、仕事や活動などに打ち込んできた人が、燃え尽きたように意欲を失ってしまう現象のことをいう。バーンアウトの研究者である久保真人によると、自我関与の高い人がバーンアウトになりやすいという（久保　二〇〇四）。

バーンアウトの問題がしばしば指摘されるのは、看護師や教師のようなヒューマンサービスに携わる人たちである。たとえば看護師にしても教師にしても、患者や児童・生徒たちから頼りにされる。そして感謝される。だからこそ、自我関与の高い人、すなわち自分自身の問題と受け止めやすい人ほど、期待に応えたい、信頼を裏切りたくないという意識が強く働く。

その結果、ついつい無理をしてしまったり、望ましい結果にならなかったときに深く落ち込んだりする。心を込めて精一杯努力したのにダメだった。自分はなんて無力なのだろうと感じるわけである。

以上、過労死や過労自殺からはじまって、うつ、ひきこもり、バーンアウトまで視野に入れ、そうした問題に陥りやすい人の特徴についてみてきたが、共通するのは外からの期待や自分の行動基準を容易に下げられないことである。俗っぽい表現をするなら、容易に開き直れない人、「ちゃらんぽらん」になれない人が危ないということになる。

もっとも、このような特徴は程度の差はあれ、たいていの人にみられるものである。また先に引用したとおり、芝はメランコリー親和型の性格について、それが「ごく平凡な普通の日本人」に多くみられる性格だと述べている。したがって周囲からの承認によって「認知された期待」が過剰に高まった場合、だれでも同様の状況に追い込まれる可能性があるということを忘れてはいけない。

しかし注意すべき点は、たとえ大きな期待を受けたとしても、それだけで「承認欲求の呪縛」に陥るわけではないということだ。呪縛を引き起こすには、ほかの要素もかかわってくる。

呪縛を引き起こす三つの要素

ここで、実際に「承認欲求の呪縛」が何によってもたらされるか、その強さはどのように決まるかを定式化しておくことにしよう。

これまで大きな期待（認知された期待）がプレッシャーとなり、呪縛をもたらすことをみてきた。しかし、かりに期待が大きくても、それだけで呪縛に陥るわけではない。なぜなら期待にやすやすと応えられるなら、プレッシャーは感じないからである。

そして期待に応えられるかどうかは、自分の能力にどれだけ自信があるか、あるいは応えようとする意思があるかによる。このうち前者がいわゆる自己効力感である。すなわち他の条件が同じなら、自己効力感が低いほどプレッシャーを感じるはずである。

したがって先にも触れたとおり、「認知された期待」と「自己効力感」のギャップ（開き）がプレッシャーの大きさを左右することになる。

しかし両者のギャップが大きいとき、すなわち大きな期待に応えられる自信がないときでも、期待に応えられるかどうかが自分にとって重要なことか、否かによってプレッシャーは違ってくる。

たとえば前述した円谷選手の場合などは、高い「認知された期待」と低下する「自己効力感」、その大きなギャップから逃げ出せない自分という条件が重なり、自殺という最悪の結果を招いたと考えられる。

逆にそのギャップが大きくても、自分にとってさほど重要な問題でなければプレッシャーは小さい。一般の人の場合、学業や仕事に比べ、遊びや趣味のうえでは期待に応えられなくても大して気にならないだろう。

このように、問題の重要性もまたプレッシャーを決める要素である。

したがって「認知された期待」「自己効力感」「問題の重要性」を呪縛の三要素と呼ぶことができる。定式化すると、（認知された期待－自己効力感）×問題の重要性＝プレッシャーの大きさ、すなわち「承認欲求の呪縛」の強さである。

かりに「認知された期待」の大きさが一〇、「自己効力感」が六だとすると、そのギャップは四である。それが本人にとって重要な問題であれば、プレッシャーは二倍の八、三倍の一二にもなる。逆に重要な問題でなければ、プレッシャーは半分の二、四分の一の一にしかならない。

以上のことを踏まえながら、まず「認知された期待」と「自己効力感」のギャップが開いた場合、どんなリスクが待ち受けているかをみてみよう。

二　エリートを苦しめる三つの不幸

目立つ、高学歴社員の挫折

数年前、ある知人から三〇代半ばになる息子のことで悩みを打ち明けられた。

子どものころから勉強がよくできたというその息子は、有名国立大学の工学部を卒業し、ある一流企業に就職した。製品開発に携わるエンジニアとして順調にキャリアを歩みはじめたが、三〇代に入り開発チームの中心的な役割を担う立場に就いてから、急にスランプに陥った。自宅に戻っても家族とろくに口を利かなくなり、会社を休みがちになったかと思うと、しばらくして会社を辞めてしまった。知人が会社を通して聞いたところによると、いくらがんばっても仕事の結果が出ず、後輩たちも彼についてこなくなった、とこぼしていたそうである。

企業の人事担当者によると近年、彼のような高学歴の若手社員が挫折するケースが目立って増えてきたという。ある会社では、あまりにも高学歴社員の脱落するケースが多いので「学歴不問」で採用するように方針を変えたところ、脱落者が明らかに減ったそうだ。

いわゆる「エリート」は組織や社会の中核に位置づけられ、組織や社会を動かしてきた。それだけに彼らの挫折は組織・社会全体に大きな悪影響を及ぼし、しばしば組織や社会を危機に陥れる。だからこそ原因を探り、早めに対策の手を打つ必要がある。

そこでまず、なぜ挫折するエリートが増えたかを考えてみたい。

結論を先取りすると、エリートこそ「承認欲求の呪縛」の最大の犠牲者であり、それが転じて加害者にもなる。

なぜ犠牲者なのか？　それは彼らが「承認欲求の呪縛」という点において「三つの不幸」を背負っているからである。以下、順を追ってそれを説明しよう。

高止まりしている期待に応えられぬ自分

第一の「不幸」は、いうまでもなく期待そのものが大きいことである。

大企業や中央省庁に総合職として入ったようなエリートは、大半が一流大学を卒業したか、あるいは難関の試験をくぐり抜け採用された人だ。そのため周囲から「優秀な人間」とみられ、仕事はできて当然と思われる。それだけ期待値が大きいわけである。

本人もまた、幼いころから優等生として育ってきたし、受験を勝ち抜いてきたのだから自分が優秀だと信じ込んでいる。いわゆるエリート意識である。

また、周囲の期待にもずっと応えてきた。大企業や官公庁に入ってからも、新人のころは研修にしても仕事にしても学ぶこと、憶えることが中心であり、実務も比較的ルーティン、すなわち答えが決まっているような業務が大半を占める。そのため彼らが得意とする受験秀才型の能力をいかんなく発揮できる。実際に採用後の二、三年は、受験秀才が職場でもそのまま高い評価を受けることが多い。

それから徐々に重要な仕事を任されるようになり、一人で交渉に当たったり、部下や後輩を率いたりする機会も増えてくる。

すると、それまでのようにスムーズに仕事が進まないこともある。また、ときには学歴がそれほど高くない、たたき上げの人より自分の評価が劣る場合もでてくる。それでもまだ、彼らは自分の優秀さを信じて疑わない。自分の評価が低いのは、活用できない会社や上司に問題があるといった考え方をすることが多い。

そして、いよいよ責任ある地位に就き、さらに重要な仕事を任されたとき、彼らの真価が問われる。そこで求められる能力は、受験や入試で発揮される能力とはまったく異質のものだ。すると思うような結果が出せず、周囲も、自分自身も落胆する。こういったパターンが少なくないのである。

受験秀才を襲う「ハイパー・メリトクラシー」

昔から、「学校の勉強ができるのと、仕事ができるのは違う」といわれてきた。それでも以前は、かなり高度な仕事においても受験秀才は力を発揮した。豊富な知識があれば、答えの決まっている問題を解く能力があれば、多くの仕事は問題なくこなせたからである。また、彼らのまじめさ、勤勉さはそのまま仕事の成果につながった。

ところが世紀をまたぐころから、大きく様相が変わってきた。価値の源泉がハードウエアからソフトウェアへ移り、定型的な業務や、単に知識を応用すればすむような仕事は国内外にアウトソーシング（外注）するか、ＩＴ（情報通信技術）のシステムがこなすようになった。さらにＩＴが進化し、ＡＩ（人工知能）やＩｏＴ（モノのインターネット）が普及しつつある今日、論理的な思考力や問題解決能力さえ、それらが人間に取って代わろうとしている。

要するに受験秀才の誇ってきた能力が、ことごとく競争上の強みを失ってきたわけである。

アメリカに注目すべき調査結果がある。エンジニアが技術的面接を行うインタビューイングｉｏというプラットホームが、学歴と技術的な能力の間に関係があるかどうかを調査した。大学をランキングによって四つのグループに分け、それぞれの技術的な得点分布を比較したのである。その結果、大学のランクと技術的な能力との間には統計的な差がないことがわかった（interviewing.io blog, 2018.2.13）。

ちなみに大手人材広告企業のマイナビが二〇一三年、マイナビニュース会員五〇〇人に対して行ったアンケートでも、六二・二％の人が学歴と仕事は関係ないと答えている。

学歴と実力の関係は、先に述べたような理由から、日々薄れていっていると考えられる。

いま時代の先端をいく仕事で求められているのは、勘やひらめき、直感、感性、ならびにそれらを結実させる独創性や創造性、あるいは独特な個性といった能力・資質である。

それらの能力や資質はぼんやりとしていて、正体も、発揮されるプロセスも未解明な部分が多い。だからこそＩＴなどに代替されにくいわけであり、同時に教育で直接身につけさせることも難しいのである。なお本田由紀は個性や独創性、対人能力などを「ポスト近代型能力」と呼び、どうすれば形成されるかわからないそれらの能力を求める「ハイパー・メリトクラシー」化が進んでいると指摘している（本田 二〇〇五）。

このように仕事で求められる能力や資質と、受験秀才型人材の秀でているそれとの間に隔たりが大きくなってきた。その現実を受け入れざるをえなくなったとき、前述した青年のようにドロップアウトするケースが少なくないのである。

もっとも他方には、学校の勉強や受験などに関する自己効力感は高いが、仕事に関する自己効力感は最初から低い人もいる。彼らは客観的に自分の実力を認識できているので、突然自信を失って脱落することはない。

また、当然ながら学歴が高いだけでなく、仕事の能力も優れた人はたくさんいる。

それでも全体としてみれば学歴と仕事能力との相関は薄れており、それはすなわち期待と実力のギャップが広がっていることを意味する。それが「エリート」にとって第二の不幸、そして最大の不幸である。

期待を下げられぬエリートたち

そして第三の不幸は、彼らが期待値を落とせないことだ。落とせない理由はいくつかある。

　まず客観的な事実として、現在の待遇がよいことがあげられる。大企業にしても中央省庁にしても給与や福利厚生に恵まれていて、無難に勤めていれば定年までの雇用が保障され、それなりの地位にも就くことができる。そのため、たいていの人は恵まれた条件を失いたくないと思う。同期生などと歩調をそろえた出世コースから外れること自体、彼らにはなかなか受け入れられないものである。

　また彼らは子どものころから勉強や受験、そして就職と親や教師など周囲の期待に応え続けてきた。その過程では、努力が必ず実を結び、周囲の期待に応えることができた。

　ところが実社会の仕事は、努力が確実に成果をもたらすほど単純ではない。成果をあげる方法そのものが確立されていないし、未知の要素や理不尽な事柄によって成果が左右されることも多い。そのような環境を生き抜いた経験のない彼らは、努力が成果につながらない事態に直面したとき、戸惑ってしまう。周囲を失望させること、すなわち期待を下げることに慣れていないからである。

　しかも、彼らの多くは子どものころからほかのことを犠牲にして勉学に打ち込み、学力だけを誇りにしてきたといってよい。言い換えれば他に誇れるもの、自信を持てるものがない。そのため、学力が通用しないとわかったとき、気持ちを立て直す手段がなく、自分を追いつめてしまう。

さらにやっかいなのは、成功体験を繰り返してきた彼らはプライドが高いことである。それが「期待の引き下げ」の邪魔をする。

実際、がんばっていた人がいきなり仕事に来なくなるというケースは受験秀才型エリートに多い。先に引用した大室正志も、電通の高橋まつりさんが自殺した背景を分析するなかで、「高学歴で、今まで順調なキャリアを歩んできた人は、『降りる』とか『人前でギブアップ』という選択肢を無意識的に避けてしまう傾向があります。根気よくあきらめずに取り組んできたという成功体験が『撤退』という選択肢を躊躇《ちゅうちょ》させたことは十分に考えられます」（大室　前掲書、六六頁）と述べている。

電通事件の場合、だからといって会社側の責任が軽減されないのは当然だが、彼女にとっては高学歴の優等生であったことがかえって災いしたといえるかもしれない。

このように「エリート」のなかには、身の丈を超える大きな期待を自ら引き下げられない人が多い。そして期待に応えられないと自己効力感はさらに低下する。その結果「認知された期待」と自己効力感のギャップはますます拡大する、という負のスパイラルに陥りやすい。

すでに述べたように、うつやひきこもりになりやすい人、過労自殺に追い込まれる人には周囲の期待を軽減できない傾向がみられる。いわゆる「エリート」の場合、それに加えて期待そのものが大きいため、期待の重荷を下ろすこと、本人の主観に注目するなら「承認欲求の呪縛」から逃れることがいっそう難しいわけである。

そして、そのプレッシャーのはけ口が自分の外側に向けられたとき、大きな社会問題を引き起こす場合がある。

三　エリートはこうして犯罪に走る

組織を隠れ蓑にした個人の犯罪

近年の「企業不祥事」というと、すぐ思い浮かぶのは東芝、神戸製鋼所、電通……といった企業名である。

このように、企業不祥事イコール組織が起こした不祥事だと考えがちだ。たしかに日本経済論などを専門とする稲葉陽二の分類によると、一四七件の不祥事のうち七三％が組織的なもので、個人的なものは二七％に過ぎない（稲葉 二〇一七、四九頁）。

しかし、組織的な犯罪は文字どおりの組織的な意思によって、あるいは組織を守るために行われた犯罪のようにみえても、実際は組織を利用して個人の利益を追求した結果である場合が少なくない。

ただし、「個人の利益」といっても金銭的な利益とはかぎらない。経済的に豊かになった現代においては、むしろ地位や名誉を守るために行われた犯罪が増えているようだ。ちなみに著名なイギリスの批評家、コリン・ウィルソンも、現代の犯罪がマズローのいう下位の欲求から、上位の「自尊の欲求」に関係するものへ移りつつあると指摘している（C. Wilson, 1984）。

経済的な面では恵まれているエリート層の場合、いっそうその傾向が強いはずだ。

エリートによる犯罪の特徴

周囲からの高い期待と、比較的低い仕事の自己効力感（仕事に対する自信）。そのギャップを埋める術《すべ》を知らない自分。官僚や大企業のホワイトカラーといったエリートたちのなかには、このような「承認欲求の呪縛」から逃れられない人がたくさんいる。しかも増えている。

人は呪縛によってコントロールされる。気がついたら法に触れる行いをしていたというケースもあるし、違法だとわかっていても、やむにやまれず罪を犯したというケースもある。

長年にわたり法務技官として各地の矯正施設に勤務した経験があり、日本犯罪心理学会会長も務めた新田健一は、エリートが犯罪に走る動機について述べている。少し長いが紹介する。なお現在では不適切と思われる表現も含まれているが、趣旨を損なわないためそのままにしたことをお断りしたい。


業務上犯罪は、現状に安定しあるいは上昇志向の強い人によるよりも、落ち目になるのを怖れる人によって犯される場合が圧倒的に多い。彼らの犯行動機としては、失敗恐怖が一層重要な意味をもっている。事業の不振、仕事の不円滑等によって、身分や地位の喪失、世間の評判低下、家族の生活不安、生活レベルの急落など、今まで手にしていた有形無形のものを失いたくないとの退行不安に駆られて、リスクによる損失勘定に盲目となっての逸脱に走ることになる。合法と非合法との境界が曖昧な現代社会では、盲目となって常軌を逸した人たちには、その境界を乗り越えるのは極めて容易である。

これとは別の機制で、失敗恐怖は組織的犯罪者をも襲いがちである。人間の心理として、新しいものを取得できるかどうかの不安よりも、既得のものを喪失しはしないかの不安のほうが心理的に重い負担となる。従って、すでに多くのものを持ちながら、なおも上昇志向を抱き続ける者にとっては失敗と喪失の不安は一層大きい。上司の評価を落とし現在のポストから落とされないか、その結果として自尊感情を傷つけられ、幸福で安穏に過ぎている私生活に支障が生じるのではないか。そのような不安が達成願望と表裏となって彼を内面から脅かす。企業経営者においては、折角築き上げた事業の崩壊を恐れるあまり違法行為に突っ走る例が多い（新田 二〇〇一、六六―六七頁）。

そして新田は、具体的な事例の一つに輸血製剤によるＨＩＶ感染訴訟事件をあげている。一九八〇年代の後半、血友病患者を中心にＨＩＶの混入した非加熱血液製剤の投与によって多数のエイズ患者が発生し、五〇〇人以上が死亡した。

この事件では製薬会社ミドリ十字の歴代社長や厚生省の課長とともに、厚生省エイズ研究班のリーダーだった帝京大学副学長の安部英《たけし》が、担当する患者に非加熱製剤を投与したとして業務上過失致死の容疑で逮捕・起訴された。裁判では非加熱製剤の危険性が予測できたかどうかが争われたが、安部は一審で無罪となり、その後検察は控訴したものの安部が認知症等を患っているとの理由で公判手続きが停止され、二〇〇五年に彼は八八歳で死去した。

この事件について新田は、責任の所在とは別に安部個人に注目する。

安部は国内におけるエイズ患者第一号発見者としての名誉を誇っていたが、権威者になるまでの彼は、東大病院で血友病研究を続けながら五〇歳過ぎまで無給副手として勤務していた。当時の彼は良心的な医師として、患者の家族からも尊敬されていたという。ところが、「念願の名誉と地位を手に入れた後、努力の結果として確立した権威と権益を本件発覚によって損う不安と苛立ちの前では、以前抱いていた患者への思いやりはほとんど消失し、強い自我意識を支えるためには学術的自説に固執するしかなかったのである」（新田 前掲書、一四八頁）。

もっと認められたい、注目されたいという積極的な承認欲求よりも、いったん獲得した評価や評判を失いたくないという消極的な承認欲求のほうが強い執着をもたらすこと。とりわけ苦労して獲得した評価や評判ほど、執着も強く、ときには正義感や倫理感さえ抑圧してしまうことを物語っている。

エリートの「大衆化」

エリートの典型といえば、やはり官僚、とりわけ国家公務員のいわゆるキャリア組だろう。そして、ここのところ財務省や文部科学省などの官僚による不祥事があいつぎ、世間の関心を集めるとともに、彼らは批判の矢面に立たされた。それは、ある意味でエリートの屈折した承認依存を象徴している。

そこでまず、官僚の不祥事がどのような背景で生まれたかを推察してみよう。

かつての官僚像をイメージするのに適した小説がある。作家の城山三郎が実在の官僚をモデルにして書いた『官僚たちの夏』（一九七五）である。官僚ものとしては珍しくヒットし、テレビドラマにもなった。

小説では、国の経済政策や官僚の人事について大局的見地から論じ合う、熱い心と志をもった通産官僚たちの姿が描かれている。この小説の登場人物のように、当時の官僚たちには自らが国を動かしているという自負と気概が感じられたものだ。良きにつけ悪しきにつけ、ほんとうの意味でのエリート意識がほとばしっていた。

ところが最近、中央省庁の幹部たちから話を聞くと、かつての「エリート臭」が抜け、意識の面でも行動の面でも一般のサラリーマンと大差がなくなってきたそうだ。身分の安定性や私生活重視を堂々と口にする職員もいる。彼らと付き合う機会の多い地方自治体や企業、業界団体など関係者の間から聞こえてくる声もほぼ同じで、官僚にかつてのような尊大さは感じられないという。それだけ官僚が大衆化したともいえよう。

なぜそうなったのか?

いわゆる「政治主導」や内閣人事局の設置などによって官僚の実質的な権限が縮小し、天下りが大きく制限されたこと、地方分権化によって地方自治体などへの影響力が小さくなったことなども原因だろう。

広がる期待と能力のギャップ

それらに加え、もう一つの要因として、やはり前述した「自己効力感の低下」があげられるのではなかろうか。

それは、入り口のところからはじまる。

かつては学力だけではなく、ほかの能力にも秀でたトップクラスの人材が、当時の大蔵省を頂点とする官僚の世界に集まってきた。ところが近年は、そうした逸材のなかに外資系金融機関やシンクタンク、IT・ソフト系のスタートアップ企業などに就職したり、自ら起業したりする者が増えてきたといわれる。

仕事内容の変化も大きい。行政の世界においても情報化などによって、仕事内容や仕事に求められるものが変化し、受験秀才型能力が通用しにくくなってきた。またNPOや民間企業などと競合する仕事も増え、公共的業務といえども官僚の独壇場ではなくなってきた。

しかし仕事の面における自己効力感、平たくいえば仕事を成し遂げる力に対する自信が低下する一方で、年齢・勤続とともに期待は徐々に大きくなっていく。

期待は本来、実力の向上にともなって高まるものだが、年功制のもとでは実力とあまり関係なく期待が高まる。なぜなら、年功制は経験に応じて仕事の能力も上がるという前提のうえに成り立っているからだ。問題は、仕事内容や求められる能力が昔と変化しているにもかかわらず、その前提が大きく見直されていないところにある。

エリートの自我を守る共同体型組織

このような不合理や矛盾が表面化しないよう、守ってくれるのが官僚組織である。役所のなかでは外部との競争に直接さらされることがないため、自己効力感の低下は避けられる。つまり「認知された期待」と「自己効力感」のギャップを感じなくてすむのである。逆にいえば、それだけ官僚は組織に依存するようになったことを意味する。先に説明した「承認欲求の呪縛」にかかわる三つの要素のうち、三つめの「問題の重要性」が以前よりも高まっていると考えられるのだ。その結果、彼らの関心は自ずと組織の内側を向く。

社会学では個人の価値観や態度・行動などのよりどころとなる集団のことを「準拠集団」というが、彼らの準拠集団が国家や社会という大きな世界から、自分が所属する組織、具体的には省庁や部局という小さな世界へ移ったといってよかろう。

では、彼らの準拠集団であり、彼らの地位や評価を守ってくれる官僚組織とはどのようなものか。

わが国の官公庁は新卒一括採用が普通で、中途採用や中途の転出は少ない。そしていったん公務員としての身分を取得すれば、地位と身分、報酬が保障され、各種の福利厚生も受けられる。また日本の組織の特徴として個人の権限や責任が不明確で、課や係といった集団単位で行う仕事が多い。職場も大部屋で仕切りのないオフィスだ。

そうしたなかでは自ずと人間関係が濃密になる。日ごろのつき合いを通して互いの性格や考え方はわかるようになるし、だれが何年に採用され、○○畑（専門領域）を歩んでいつ課長になったとか、だれに目をかけられているかといった仲間うちの情報まで役所内に知れわたる。

このように、わが国の官公庁組織は一種の共同体（コミュニティ）ともいうべき性格が強い。本来の共同体とは、家族やかつての農村のように利害・打算を超えて結びつく永続的な集団のことをいうが、わが国の官公庁には、それと類似した特徴が残っているのである。

大衆化した官僚たちにとって、もはや省庁や部局といった擬似共同体のなかでの評価や評判こそが最大の関心事であるといっても過言ではない。

その点ではエリート集団といっても、前述したとおり平均的なサラリーマンと大差がないのである。

ただ専門的な組織の中核に位置するエリートの特性として、その実力や実績を一部の人しか評価できないことがあげられる。医者や弁護士の実力は医者や弁護士にしか評価できないのと同じように、財務官僚ならほんとうの実力は仕事内容を知悉している財務官僚にしかわからない。しかも医者や弁護士の実力を評価できる同業者は世の中にたくさんいるが、財務官僚の仕事を理解している人は財務省のなかにしかいない。

また官僚は、医者や弁護士と違って外部にクライアント（顧客などサービスの受け手）を持たないので、外を向いて仕事をするという生き方もできない。いわば「逃げ場所」がないわけである。

さらに組織のなかで出世して高い地位に就くほど、評価できる人はかぎられてくる。その結果、組織の内側、とりわけ上部からの評価・評判を強く意識するようになる。とりわけ政治主導が唱われ、内閣人事局が設置されてからは、自分の地位を直接左右する官邸の意向をいっそう気にするようになったといわれている。

要するに多くの官僚にとって所属組織こそが唯一のよりどころであり、自らの地位と評価、誇りを守るためには、何としてでも上司あるいは官邸の期待に応えなければならない立場に置かれているのである。

森友・加計問題にあらわれた官僚の自尊心

大きな政治的混乱をもたらし、世間を騒がせた森友問題や加計問題、俗にいう「モリカケ」問題には、このような官僚の立場と行動様式が色濃く映し出されている。

学校法人森友学園への国有地売却をめぐり、決裁文書が書き換えられた問題では、当時の財務省理財局長だった佐川宣寿氏が、首相や首相夫人らの名前を記した部分を削除するよう指示したとされる。野党は首相や官邸側から書き換えるよう指示があったのではないかと追及したが、国会の証人喚問で佐川氏は上からの指示があったことを否定し、「当時の担当局長として責任はひとえに私にあります」と証言した。

一方、国家戦略特区を使った学校法人加計学園の獣医学部設置をめぐっては、加計孝太郎理事長と個人的に親しい安倍首相の意向が働いたのではないかと指摘された。しかしここでも、設置認可にいたる過程で当時の首相秘書官だった柳瀬唯夫氏は、加計学園の関係者と官邸で面会したことは認めたものの、首相からの指示があったことは否定した。

両方の件とも正確な真偽のほどはわからないが、たとえ官邸側からの指示がなかったとしても、彼らが首相や大臣の立場を忖度して行動した可能性は十分にありうる。いや、動機としては、むしろそう考えるほうが自然だろう。なぜなら、上位の者の手を汚さず（指示をさせず）、立場や意向をどれだけ慮《おもんぱか》って行動できるかで彼らの評価が決まるからだ。つまり忖度できることこそが、有能さ、信頼の証なのである。

これは狭い意味での官僚にかぎった話ではない。各地の役所や警察などで不祥事が起きるたびに実感するのは、不祥事の背景にある動機が驚くほど似ていることである。職員が起こした事故や犯罪の隠蔽、不都合なデータの過小報告といった問題の大半は、部下による上司への忖度、もしくは組織や仲間への気遣いが背後で働いている。彼らは忖度し、気を遣うことによって認められようとしているわけである。

事の善し悪しは別にして、不祥事の特徴からも官僚、公務員の「大衆化」がうかがえるとともに、受け皿としての共同体型組織が彼らにとっていかに大きな存在であるかを強く印象づけられる。

ところで、第一章では承認に不祥事を防ぐ効果があると述べた。承認されると職業的自尊心が高まり、それが違反を抑制するからである。けれども、ここで述べたように「承認の呪縛」にとらわれると不祥事を起こしやすい。この矛盾をどう説明すればよいのか？

その答えは前述した、うつ、ひきこもり、バーンアウトについて述べたことと同じである。たしかに承認されると自尊心が高まり、仕事に対する矜持も生まれる。その点では承認が不祥事を思い止まらせる方向に働くだろう。しかし一方で、承認されると期待の重みも増してくる。

たとえば、次のような場面を考えてみよう。ある部下が上司から高く評価され、全幅の信頼を寄せられていたとする。部下としては、期待とルールの板挟みになった場合、たとえルール違反をしても、あるいは罪を背負うリスクを冒しても、自分にかけられた大きな期待に応えようとするかもしれない。マスコミや世間からは糾弾されようとも、共同体のなかでは同情され、「殉死《じゅんし》」扱いされる場合もある。

しかも義理や忠誠を重んじる日本文化のもとでは、かりにルールを破って制裁を受けたとしても、自尊心はそれほど傷つかない。むしろ忠誠を尽くし、組織に殉じたことを誇りに思う場合もあるだろう。

企業不祥事は避けられた

ここまで官僚の世界について述べてきたが、「公」と「私」、「官」と「民」の違いはあるにしても、その多くは民間企業、とりわけ伝統的な大企業に当てはまる。

伝統的大企業には現在も、いわゆる「学歴フィルター」が存在すること、すなわち一定レベル以上の大学からしか採用しない慣行が残っている。そこでふるいにかけた受験秀才型人材を優先的に採用し、採用後は共同体型組織の一員として、年功序列、終身雇用という大枠のなかで処遇する。世間では「年功制・終身雇用は崩壊した」という声も聞かれるが、少なくとも大企業の基幹部分では制度の骨格が依然として堅持されているし、統計データをみても年功型の賃金カーブや勤続年数は大きく変化していない。

官僚の世界と違って競争原理にさらされている民間企業では、前述したような期待と実力のギャップは小さいと思われるかもしれない。しかし職場レベルでは、伝統的大企業にも官僚の世界と大差のない現実がみられる。年齢・勤続とともに高まる周囲の期待と、それについていけない「仕事に対する自己効力感」。その一方で、本来なら市場や企業間競争によってもたらされるはずのプレッシャーから、共同体型組織が守っているという構図。

多少の差はあるにしても、大企業エリート社員の置かれている立場は、官僚と大きくは違わないのである。したがって、企業不祥事を引き起こしている社員も、前述した官僚と同じような「承認欲求の呪縛」に陥っていたと考えられる。

ここでは少し違った角度から、企業不祥事の背景を探ってみよう。

東芝は二〇〇八年から一四年にかけて利益を水増しするという、不正な会計処理を行ってきた。それが二〇一五年に表面化して経営が一気に悪化し、経営陣が退陣に追い込まれるという窮地に陥った。社員が不正な会計処理を行った背景には、経営陣が高い収益目標を設定し、「チャレンジ」と称して目標達成を強く迫ったことがあると指摘されている。

また二〇一七年には神戸製鋼所の検査データ改ざん、日産自動車の無資格従業員による検査が発覚し、高い品質を誇ってきた日本の製造業の信頼が揺らいでいる。両社の不祥事も、背後には納期やコストなどのプレッシャーがあったことが指摘されている。しかも、同種の不祥事は他のメーカーでも続々と発覚している。

これらの不祥事に共通するのは、不正を犯さなければならないような上からのプレッシャーがあったことと、不正が長年にわたって続けられてきたことである。この二点は不正を生む組織の構造や風土を分析する際に重要なポイントであるが、同時に不正を犯した個人の心理状態を推し量るうえでも興味深い点である。

「プレッシャーがあった」は言い訳？

まずプレッシャーについては、外的要因としてとらえられるのが普通である。しかし、それを受け止めて行動に移したのは個人であることを見逃してはいけない。たとえプレッシャーがあったとしても、不正を犯さないという選択肢はあったはずである。不正に手を染めることを拒否したとしても、会社をクビになり、生活が危機にさらされるおそれはなかっただろう。

なお、この点についてはその他一般の会社における「ノルマ」や目標についてもいえる。不祥事を起こした社員はしばしば、「ノルマが厳しかったので……」と弁解する。たしかにノルマを達成できないと人事評価に響き、賞与を減額される場合もある。しかし逆にいえば不利益はその程度であり、クビになるようなことはまずない。とくに最近は企業倫理を徹底する趣旨から、ノルマそのものを廃止し、「目標」に切り替えるところも増えている。

つまり上からのプレッシャーにしても、ノルマや目標にしても、達成できなかった場合に失う最大のものは上司からの、あるいは社内における暗黙の信頼や評価である。しかし、それが軽視できないのである。とくに日本の場合は、前述したとおり会社組織が共同体のような性質を帯びているため、そのなかでの信頼や評価は本人の人格的な尊厳にまで関わる。

そして、もう一つのポイントである、不正が長年にわたって続けられてきたという事実は、いかに多くの人が「承認欲求の呪縛」に陥っていたかを物語っている。かりに不正を拒否する者がいたら、おそらく「慣行」として定着しなかったに違いない。そのことを考えるなら、直接不正に手を染めたかどうかは別にして、ほとんどのメンバーが呪縛に陥っていたことをうかがわせる。

当然ながら不正があっても見て見ぬふりをしたり、積極的な調査を行わなかったりした経営層もまた、社員と同様、あるいはそれ以上の呪縛に陥っていることは想像に難くない。

この点に関連して稲葉（前掲書）は、取締役の大部分が社内取締役であり、彼らはもともと生え抜きの社員であるため、上司が行ってきたプロジェクトを否定するのは不可能に近いと述べている。

ちなみに不正な会計処理を行った東芝の場合、不正をチェックするはずの「経営監査部」があったものの、それが機能を果たせなかった。その原因についてジャーナリストの大鹿靖明は、「各カンパニーから将来事業部長になるためのキャリアパス的な位置づけで経営監査部に人を配置するというローテーションが組まれていた」という第三者委員会報告書の指摘をもとに、「彼ら彼女らはカンパニー内における自身の栄達を考え、各カンパニーのトップの意向に反することを指摘できなかった」（大鹿 二〇一七、七五頁）と解釈している。

だとしたら、経営側の暴走や落ち度をチェックする役割は労働組合に期待されるはずだ。しかし稲葉（前掲書）が指摘するように、本来は企業と対峙する立場の労働組合も、組合専従の組合員は役員への登竜門だったり、企業組合の上部組織の指導者となり地方や国会の議員となるエリートコースであったりする。彼らもまた「同じ穴のムジナ」に過ぎないのだ。

要するに取締役や労働組合幹部は、一般社員以上に企業不祥事をチェックする責任があるにもかかわらず、すでに大きな承認を得ているため、むしろ一般社員以上に「承認欲求の呪縛」から逃れられないのである。関係者すべてが会社という共同体に依存し、呪縛に陥っている実態がそこからみて取れる。

事件になると自殺者がでる理由

そして、ときにはさらなる悲劇へと発展する。

汚職事件などが発覚すると、しばしばその責任者が自ら命を絶つ。しかし自殺学者の布施豊正（一九八五）が指摘しているように、ほんとうの大物より部長や課長といった中間管理職が自殺するケースが多い。

マスコミなどではしばしば「責任を感じて命を絶った」とか、「詰め腹を切らされた」などといわれるが、布施によれば日本人の場合、むしろ事件が暴露されたときに自己崩壊が起きるのが自殺する原因だそうである。また社会学者の井上忠司（一九七七）は、昔から日本人が仕事に失敗して腹を切ったのは純然たる責任感のためではなく、面目がつぶれると思い込んだためだという。いずれにしても、そこに承認欲求（尊敬・自尊の欲求）が深く関わっていることは間違いなさそうだ。

会社でも役所でも不祥事が発覚し、それが事件性を帯びてくると職場に強制捜査が入ったり、逮捕者がでたりする。すると職場の空気が一変し、共同体特有の打ち解けた会話や人間関係が消えるという。良きにつけ悪しきにつけメンバーをつないできた共同体内の「絆」が断たれるのである。とりわけ事件の当事者に注がれる視線は、直前までまるで家族や親類のようだった温かさから、一転して近寄りがたいよそよそしさに変わる。

社外の人との交流が多く、ある程度は組織の外に開かれた存在である経営者などと違って、中間管理職は共同体の外に「顔」をもたない。外部の厳しい風にさらされた経験もない。そのため罪を犯して共同体のなかで居場所を失ったとき、自分の立場も居所もなくなる。さらには自己のアイデンティティやプライドも崩壊する。

組織のなかで働く日本人、とりわけエリート層の場合、組織のなかでこそ承認欲求が満たされ、それが自我のよりどころにもなる。反面、組織に対して強く依存しているゆえに、そこで承認が失われたとき絶望の淵に立たされるわけである。

四　管理のパラドックス――不祥事はなぜ繰り返されるのか？

スポーツ界、あいつぐ暴力・パワハラと「承認欲求の呪縛」

二〇一八年五月に発生した日大アメフト部の部員による悪質な反則タックル。この件では加害者本人の責任だけでなく、監督が反則行為を指示したとされる（本人は否定）ことやアメフト部という組織の体質、さらには大学の体制までもが批判されるなど波紋が広がった。

そのあと、まるでパンドラの箱が開いたようにレスリング、ボクシング、体操、重量挙げなどアマチュアスポーツの世界で指導者の選手に対する暴力やパワーハラスメント（パワハラ）の疑惑が飛び出した。その背後には、やはり「承認欲求の呪縛」が見え隠れする。

まず、日大アメフト部の部員による悪質タックル問題に注目してみよう。

報道や記者会見によれば、加害者の日大選手は大学世界選手権大会の日本代表に選ばれて家族や友人に祝ってもらい、それを誇らしく思っていたという。

ところが、監督から闘志がたりないと指導を受けるようになり、コーチからは「お前が変わらないかぎり練習にも、試合にも出さない」と言われ、監督には日本代表を辞退するように促された。そして、相手のクォーターバックをワンプレー目で潰せば試合に出してやると言われたそうだ。

彼は追いつめられて悩んだが、「大学での競技人生において、ここでやらなければもうあとがないと思いながら試合に向かった」という。そして明らかにプレーが終わっているにもかかわらず相手選手の背後からタックルし、負傷させてしまったのだ。

このように彼が暴力的な反則行為を犯した背景には、日本代表という地位を失いたくないという強いこだわりが存在したわけであり、その点では上からのプレッシャーがあって不正を犯した社員と同じである。

さらに彼の心のなかには、家族や友人など周囲からの期待を裏切りたくない、自分自身の誇りを失いたくないという「承認欲求の呪縛」があったことは容易に想像できる。

ちなみに私は学生へのアンケート（六二頁参照）で「監督の期待に応えるためルール違反をする選手の立場を理解できますか？」と聞いてみた。すると六割近い（五九％）学生が「理解できる」と回答した。だれでも一歩間違えば、彼のような過ちを犯すリスクを抱えている。多くの学生がそのことを自覚しているといえそうだ。

パワハラの陰に指導者の屈折した承認欲求が

次に、レスリング、ボクシング、体操などの団体における指導者の暴力やパワハラに焦点を移してみよう。注目したいのは彼らの置かれている立場である。

ここにあげたような競技にかぎらず、アマチュアスポーツの指導者は、そのほとんどが選手と違って表にでる機会が少なく、いわば「黒子」である。彼らのなかには自分の生活を半ば犠牲にしながら、選手の指導に情熱を傾けている人が多い。

その見返りがあるとしたら選手の成長やチームの活躍、ならびに選手（あるいは保護者・関係者）からの尊敬や感謝だろう。それによって達成欲求とともに承認欲求も満たされているのだ。

ところが、いくら精魂込めて指導しても成果があがるとはかぎらないし、選手たちから尊敬や感謝がもらえるともかぎらない。すると、ついつい短期的な成果や承認を求めて自分の権力を誇示したり、服従を強制したりしてしまう。それが暴力やパワハラという形になることがある。

また気の弱い指導者のなかには、自分が選手の感情や態度に依存してしまうことを恐れ、高圧的な態度をとり続ける人もいるようだ。命令—服従の関係のなかには、はじめから尊敬も感謝も入る余地がないからである。

いずれにしても、指導者自身が選手からの承認に依存しているがゆえに、こうした問題行動を起こしたといえる場合が少なくない。

形のうえでは指導者が選手をコントロールしているが、内面的にはむしろ指導者のほうがコントロールされているとみることもできるわけである。

このように「承認欲求の呪縛」は地位の低い側に生じるとはかぎらない。逆に上位者が下位者に依存して生じる場合もあるということを見逃してはいけない。

会社のような組織でも、そうした現象はしばしば起きる。たとえば上司は部下が認めてくれなければリーダーシップを発揮できないし、管理職失格の烙印を押される。けれども部下に対して、もっと認めてくれとは言えない。その意味では部下が上司に依存する以上に、上司は部下に依存していると解釈することもできよう。

承認をめぐる上位者の下位者に対する依存が引き起こす事件や不祥事はほかにもある。公務員が関係する贈収賄や情報漏洩も、それが発端になっているケースが少なくない。

実際、許認可などの権限をもつ公務員にすり寄ってくる業者がいる。最初はドライな関係を心がけていても、だんだんと親しくなるうちに公務員の側には業者に頼りにされたい、期待に応えてやりたいという気持ちが芽生えてくる。そこにつけ込んで賄賂を贈られたり、利益を供与されたりすると、ついつい受け取ってしまうことがある。

同じように警察などの職員は、取り締まる相手と親しくなると、相手の期待に応えたいという気持ちが生まれ、捜査情報を漏らしたり、犯罪を見逃したりするケースがでてくる。入札情報の漏洩などもそうである。第二章で触れた「ホメホメ詐欺」ではないが、親しくなって持ち上げられているうちに、ついついそれに応えようとして情報を漏らしてしまうことがあるのだ。

多くの場合、下位の立場の者もまた上位者の気持ちを引きつけておきたいと思っている。したがって上位者と下位者の双方が互いに相手からの承認に依存するという、共依存の関係になっているといえる。

いったんこのような共依存関係ができあがると、たとえそこに大きな問題が存在するとわかっていても、自発的にそれを正すことは難しい。スポーツ界のパワハラや暴力的指導にしても、贈収賄にしても、長年にわたって異常な関係が続けられていた例が多いのはそのためだ。

日本型組織に巣くうハラスメント体質

そして、もう一つの注目したい点は組織の性質である。

高校や大学の強豪チームの多くは、選手たちが寮で共同生活を送っている。監督も一緒に寝泊まりしているという例も多い。そうすると、どうしても固定した上下関係が生まれがちだ。問題を起こした日大アメフト部も、内部には監督を頂点とする厳格な上下関係があり、選手たちは上からの指示に逆らえない空気があったといわれている。

閉鎖的な組織と濃厚な人間関係。そこに自然と生まれる厳格な上下の序列。その構図は不祥事を起こした官庁や大企業と驚くほど似ている。

強調したい点は、これらが特殊な例ではないということである。程度の差はあるにしても、会社や役所のほか、警察、学校、地域の自治会などさまざまな日本の組織に類似した構造がみられる。日本型組織の特徴といってもよい。

大きな問題は、このような状況の下においては通常の方法で組織を変えようとしてもなかなか効果があがらないというところにある。いや、効果があがらないどころか、しばしば逆効果になる。その理由を次に説明しよう。

なぜ、同種の不祥事が繰り返されるのか

不祥事がマスコミに取りあげられ、世間をにぎわす。すると最近は責任者が記者会見

し、深々と頭を下げながら、世間を騒がせ関係者に迷惑をかけたことを謝罪する。そして、「二度と起きないよう管理を徹底し……」とか「関係者を厳正に処分する」といった紋切り型の声明を読み上げる。それが半ば恒例となっている。

ところが、そう誓ったにもかかわらず、同じ組織で不祥事が繰り返されるケースも目立つ。

高橋まつりさんの過労自殺があった電通では、一九九一年にも社員の過労自殺が発生し、裁判では会社の社員に対する安全配慮義務違反があったことが認定されている。雪印乳業は二〇〇〇年に集団食中毒事件を起こしたが、二年後の二〇〇二年には同じグループの雪印食品で牛肉偽装事件が発覚している。三菱自動車もまた二〇〇〇年以降に組織的なリコール隠しが明るみにでて、経営破綻寸前に追い込まれたにもかかわらず、二〇一六年には自動車の燃費データの偽装が発覚した。

こうした不祥事が繰り返されると、マスコミなどは決まって「企業の体質に問題がある」と断罪する。しばしば指摘されるのは、上に対して物言えぬ組織風土だとか、タコツボ型の組織やコミュニケーションの不足といった問題点である。

強まる依存、薄れる責任感

たしかに、そうした組織の構造的・風土的な問題が不祥事の背景にあることは否定できない。しかし、このような指摘は問題の半分しかとらえていない。

すでに述べたとおり、官僚や大企業のエリート社員がその典型であるように、共同体のなかでの評価や信頼を失いたくないという「承認欲求の呪縛」が背後で働いていることを見落としてはならない。それを見落としていると、せっかくつくった再発防止策も骨抜きにされてしまい、かえって再発を誘発するといったことにもなりかねない。

その理由はこうである。

たとえば、不正防止のために社内ではコンプライアンスの徹底が謳われる。具体的な対策として、それまで担当者だけに任されていた数字のチェックなどには上司が目を通すようにあらためたり、出張には上司の同行を義務づけたりするようになる。さらに、決裁にはいっそう多くの管理職のハンコが必要になる。

その結果、組織の上下関係はいちだんと強まり、部下は上司の意向を強く忖度する一方、当事者意識は薄れて責任感も弱まる。そうなると五感を働かせてミスを防ごう、正義を貫こうという主体的な行動は期待できなくなる。

さらに管理が強化され、制裁も重くなると、ミスが生じたときは処分を恐れて隠すようになる。それが現場の慣例になったり、大きなトラブルの原因になったりするケースは少なくない。

そして、もう一つ見逃せないのは世間の風当たりが強くなるほど、共同体への依存がいっそう強くなることである。

不祥事を起こした企業や役所では、組織の外へ一歩踏み出すと冷たい視線にさらされる。そのため、どうしても組織のなかに閉じこもり、組織に頼らざるをえない。たとえていうなら、吹雪が吹きすさぶときには暖かい室内に留まりたいようなものだ。しかも前述した「認知的不協和の理論」が教えるように、世間の目が厳しくなるほど自分の立場や行動を正当化するため、メンバーは共同体に対してますます忠実に振る舞おうとするようになる。

このような理由から、不祥事→管理強化→さらなる不祥事、という一見不可解な負の連鎖が起きるのだと考えられる。

別の形で不祥事が誘発される場合もある。たとえば特定の道府県警、警視庁で近年、警察官の酒気帯び運転、わいせつ、万引きといった事件が立て続けに起きるケースが目につく。もともと警察は管理が厳しいうえ、事件が起きるたびにいっそうそれが強化されているはずなのに、いったいどうしたのか。そう思う人も少なくないだろう。

しかし、そこにも盲点がある。管理一辺倒では社会人としての常識や判断力が身につかない。そのため職場を離れて上司の目が届かなくなると、たがが外れたように自分をコントロールできなくなるのだろう。

これもまた、間接的な形ではあるが「承認欲求の呪縛」がもたらした不祥事といえる。

共同体のなかでは機能しない内部通報制度

企業にしても役所にしても、組織の不祥事はその多くが閉ざされた共同体のなかで起きる。そのため外部から監視し、チェックしようとしても限界がある。

そこで、不正摘発の切り札として期待されているのが内部通報制度である。内部通報した人を保護するための「公益通報者保護法」が二〇〇四年に制定され、内部通報者に対して事業者が解雇や降格など不利益な取り扱いをすることが禁じられた。

上場企業を対象として二〇一八年に行われた調査によると、回答があった三〇三社のうち九七・四%と、ほとんどの企業が内部通報制度を設置している。しかし制度の利用状況をみると、年間〇〜五件が五四・八％と過半数にのぼる（デロイトトーマツ「企業の不正リスク調査白書」）。制度はあっても利用されていない実態が浮き彫りになっている。

不祥事が発覚した企業も、その多くは内部通報制度が存在しながら活用されていなかった。不正な会計を行った東芝をめぐっては、第三者委員会の報告書で、「内部通報制度が十分に活用されているとはいえないと推測される」とはっきり述べられている。不正を繰り返した三菱自動車や東洋ゴムでも、社内に内部通報制度が設けられているにもかかわらず、不正の早期発見に役立てることができなかった。

ここでも、やはり「承認欲求の呪縛」が障害になっていることがうかがえる。とりわけ共同体型組織のなかでは、「承認欲求の呪縛」から逃れることがどれだけ難しいか、想像に難くない。

内部告発者は公益に対する貢献者であっても、会社や職場という共同体にとっては「裏切り者」である。そのため、たとえ制度によって保護され、処遇の面では直接不利益をこうむらなくても、上司をはじめ周囲からの信頼を失う。とくに告発によって会社や同僚の利益を損なう場合には、孤立無援になるのを覚悟しなければならない。

忘れてならないのは、普通の会社員や公務員の場合、準拠集団すなわち自分の能力や人格を評価してくれるところ、プライドのよりどころは職場だけだということである。公益のためにそれを敵に回して告発せよということが、どれだけハードルが高く、非現実的かを考えてみるべきではなかろうか。

ところが最近になって、わが国でもレスリング、ボクシング、体操、重量挙げなどアマチュアのスポーツ界で指導者のパワハラを内部告発する動きが相次いだ。官僚の記者に対するセクハラ発言や、市町村長の職員に対するセクハラが被害者から告発されるケースもあった。

堰を切ったように起こりはじめた内部告発の動きを目にして、ようやく日本の組織も変わってきたのかと思いきや、外国人留学生たちから意外なコメントが返ってきた。「私たちはハラスメントを受けたらその場で抗議する。なぜ日本人はその場でおかしいとか、やめてほしいとか言わないのか」と。たしかに、その場で抗議していたらあとで告発する必要はなかったかもしれない。だとしたら、やはり「承認欲求の呪縛」がいまだに解かれていないことになる。

繰り返し述べているように、日本の組織は外の世界から隔てられた「共同体」の性格が強く、メンバーは内部の規範や人間関係を強く意識し、そこで承認を失うことを極度に恐れる。その事実を忘れると諸々の対策は効果がないばかりか、かえって逆効果になりかねないということだ。

第四章　「承認欲求の呪縛」を解くカギは

だれの心の奥底にも潜んでいる承認欲求。それが無意識のうちに精神的な負担となり、本人の意に反して無理をさせたり、自由を奪ったりする。ときには、それが過労死や過労自殺、犯罪、組織不祥事といった重大な事態を招く場合もある。

「承認欲求の呪縛」から逃れるには、どうすればよいか。

これまで述べてきたように、呪縛は、「認知された期待」「自己効力感」「問題の重要性」という三つの要素によってもたらされる。したがって呪縛を解くカギも、その三つの要素のなかに隠されている。

わが国特有の組織や社会の仕組みを踏まえながら、「承認欲求の呪縛」に陥らないためには何が必要かを述べるとともに、もし陥った場合にはどうすればよいかを考えていきたい。

一　「期待」に潰されやすい日本人

呪縛に陥りやすいのは、「日本の風土病」

「承認欲求の呪縛」に陥るのは日本人も外国人も同じだ。そう思われるかもしれない。はたしてそうだろうか？

たしかに日本人だろうと外国人だろうと、人間には承認欲求がある。しかし、そのあらわれ方には日本人特有の傾向がありそうだ。

精神科医によると、人前で恥ずかしさや緊張によって顔が赤くなる赤面症は日本人に多くみられる特徴だという。また、すでに述べたとおり「メランコリー親和型」の性格は日本人に多いとされる。

さらに、これもすでに紹介したように日本人が腹を切るのは純然たる責任感によるのではなく、面目がつぶれると思い込んだためだ（井上 一九七七）という指摘もある。

一九四六年に原著が出版されたR・ベネディクトの『菊と刀』を嚆矢として、それを

「恥」の文化に結びつける言説も数多い。そして過労死や過労自殺も、欧米などではまれにしか聞かれないといわれる。少なくとも、そうした言葉が流布しているのは日本くらいだろう。

組織のなかで働く人々の行動に差があることを浮き彫りにした研究もある。たとえば日系グローバル企業を対象にした研究では、日本からヨーロッパの国々へ転勤すると、日本人の労働時間は赴任前よりも短くなることが明らかになっている（山本勲、黒田祥子二〇一四）。

こうした現象から、会議の多さや「ホウ・レン・ソウ」（報告・連絡・相談）の徹底といった日本の職場の特殊事情とともに、周囲の人や状況と自分との関係性にも日本人、あるいはわが国に特有の何かがあることがうかがえる。それは人間を取り巻く広い意味での環境である。その意味で「承認欲求の呪縛」を病にたとえるなら「日本人病」というより、むしろ「日本の風土病」というべきかもしれない。

プレッシャーからの逃げ場がない

しばしば指摘されているように、オリンピックのような国際大会で目につくのは、日本人選手の勝負弱さだ。どこの国にも、ここぞというときに結果を出せない選手はいるが、日本人選手にはそれが多い、という見方は根強い。

とくに注目されるのは、第二章で取りあげた二〇一四年ソチオリンピックの高梨選手や、二〇一六年リオデジャネイロオリンピック、レスリングの吉田沙保里選手のように「金メダル確実」といわれた選手が本来の実力を発揮できずに終わるケースである。また「プレッシャーには強い」と評判の選手が、本番では明らかにプレッシャーに負けたと思われるケースも少なくない。

その背景に何があったのだろうか？

彼らがしばしば口にするのは、本番に臨《のぞ》んだとき、「よい記録を出そう」とか「勝ってやろう」という気持ちではなく、「失敗してはいけない」「負けてはいけない」という気持ちになったという体験談である。そして、それまでの自信が一気に消え、強烈な不安に襲われたともいう。「プレッシャーに強い」と評判の選手が、「こんな経験は初めてだ」と語ったこともある。

彼らは本番に挑んだとき、「承認欲求の呪縛」、すなわち期待を裏切ってはいけないという強いプレッシャーに襲われ、それが本来の力を発揮できなくしていたのだ。

すでに述べたように「承認欲求の呪縛」に陥るのは、「認知された期待」と「自己効力感」のギャップが大きいとき、すなわち期待の大きさを実感している一方で、それに応えられる自信がないときである。なお正確にいえば期待に応えたくない場合も含まれるが、ここではそれを除外する。そして、もう一つの要素は「問題の重要性」、すなわち期待に応えられそうにないことを本人がどれだけ深刻な問題として意識しているかである。

オリンピックなどの場面に象徴されるように、とりわけ「ここぞ」というとき日本人がプレッシャーに潰されやすいのは、期待と自信のギャップが大きいだけでなく、そこから逃れられない環境に置かれているからだと考えられる。つまり「認知された期待」を下げる仕組みに加え、「問題の重要性」を下げる仕組みも備わっていないのである。こうした日本の組織や社会の特性を念頭に置きながら、呪縛から逃れるための対策を講じていく必要がある。

それでは「認知された期待」を下げる、「自己効力感」を高める、そして「問題の重要性」を下げるにはどうすればよいかを考えてみよう。

二　期待の重荷を下ろすには

プレッシャーをかけないリーダーの配慮

単純に考えたら、プレッシャーから逃れるためには自ら期待されないようになればよい。しかし、そう簡単にはいかない。「期待を下げる」といっても、せっかく獲得した期待を完全に裏切っては、積み上げてきた信頼や評価が台無しになる。そもそも、それを恐れるから呪縛に陥るのである。

そこで、とるべき対策のポイントは大きくなりすぎる期待を自らコントロールして、自分のキャパシティに見合った水準にまで下げることである。

ただ、期待をかけるのは周囲の人々である。したがって「認知された期待」をコントロールできるのも周囲の人、組織のなかでは主に経営者や上司ということになる。

すでに紹介したように、毎年優れた職員を選びMVPとして表彰していた病院では、受賞者が短期間のうちに次々と辞めていった（第二章）。工場を視察に訪れた社長から「期待しているよ」と声をかけられた若手社員がメンタルに不調をきたし、休職に追い込まれた（まえがき）。あまり表沙汰にはならないが、現場で話を聞くと、こうした事例は枚挙にいとまがないほど存在する。

勘の鋭い経営者は、それをあらかじめ察知して対策の手を打つ。

大阪府摂津市に吉寿屋《よしや》という菓子の卸販売を行っている老舗の会社がある。数年前に訪問した当時、この会社では成績優秀者に賞金や、海外旅行や自動車などの豪華な賞品を贈る表彰制度が取り入れられており、それがテレビでも紹介されるなど話題になっていた。

表彰式で次のようなシーンがあった。

五〇〇万円という高額の賞金を受け取った営業社員は、緊張した面持ちでこう言った。「会長、こんなにすばらしい賞をいただいてありがとうございます。これからもっとがんばります！」。

それに対して賞を贈った会長は、こう声をかけたという。「君、それは違うよ。私たちは、君の過去の貢献に感謝したいだけだ。将来の貢献を期待して表彰したのではない。君が『またこの賞が欲しいからがんばる』というのなら、それは君の自由だけどね」（太田肇・日本表彰研究所　二〇一三、一四九―一五〇頁）。

過剰なプレッシャーをかけないようにする、心憎いまでの気配りだといえよう。

「まえがき」では、期待をかけた大学院生が脱落していくケースがあいついだことも述べた。当時、私がその苦い経験をある先輩教師に漏らしたところ、彼は次のような話を聞かせてくれた。

「お前はバカだから」のねらい

自分は大学院の学生時代、師匠から「お前はバカだから」と言われ続けた。もちろん本気でバカだと貶されたわけではないとわかっていたので、逆にプレッシャーを感じずリラックスして研究ができた。だから自分も学生たちには同じように接している、と。

ここには、もう一つ余分なプレッシャーをかけないためのヒントが含まれている。冗談で「バカ」とか「アホ」とか平気で口にするのは「お笑い」の世界である。「お笑い」は本気でないだけに、自我関与を避けることにつながる。学業や仕事で成果があがらないときでも、「お笑い」感覚を交えてフィードバックされれば、ほんとうの評価が下がらずにすむわけである（ただし状況によってはイジメやハラスメントにつながるので注意は必要だが）。

ちなみに生真面目な日本人と違って、アメリカ人などは緊張しやすい場面でユーモアを交えたり、"take it easy"（気楽に）と声をかけたりする。それだけプレッシャーをかけないよう常に意識しているからだろう。

後退するための「階段」をつける

期待の重荷に押しつぶされないようにするためには、制度の改革も必要になる。そこで、次にどのような制度改革が有効かを考えてみたい。

改革のポイントは、たとえていうなら崖から転落しないように「階段」か「スロープ」をつけてやることである。

すでに述べたように「承認欲求の呪縛」に苦しむのは、獲得した評価や信頼、そして自分にかけられた期待を一気に失い、自尊心が傷ついたり、自己効力感が低下したりすることを恐れるからである。とくに生真面目な人や完璧主義の人ほどそのこだわりが強いため、これまで取りあげたように自分自身に対して、あるいは他人に対して深刻な問題を引き起こしやすい。なお日本人にこのタイプが多いことはすでに述べた。

そこにあるのは「全か無か」の極端な考え方である。したがって、失敗したとき、力不足を感じたときに評価や信頼を一挙に失わなくてもすむような制度をつくればよいわけである。

そこで、「階段」や「スロープ」に当たる装置をいくつか紹介しよう。

企業や役所のような組織で最も実行しやすいのは、人事評価制度の改革である。

わが国の人事評価制度は、態度や意欲といった「情意」面のウエイトが高く、評価基準もかなり曖昧である。

そして評価は前章でも述べたように、不確実な形で処遇に反映される。そのため部下は評価者である上司の目を過剰に意識する。

たとえば、いくら仕事ができても周りより早く帰ると評価されないのではないかと考えてしまう。また、ちょっと上司に意見を述べたり、やる気に欠けるような仕草を見せたり、あるいは小さなミスをしたりしただけで、評価に大きく響くのではないかというような妄想、もしくは疑心暗鬼が生じる場合もある。それがしばしば働き過ぎや、不祥事につながりかねない過剰な忖度なども生む。

したがって、できるだけ人事評価制度のなかから抽象的で主観的な要素を排除し、具体的な事実に基づいた評価に変えていくとともに、できれば評価基準を社内に公表することが望ましい。

お金でしがらみを断つ

期待の重荷から解放するのに役立つツールはほかにもある。参考になるのが、前章で紹介した東南アジア進出企業の現地におけるエピソードだ。

「社員をほめたら相手が賃上げを要求してきた」という話を聞くと、なかには志が低いとか、（マズローの欲求階層説でいうところの）欲求の次元が低いといった、ネガティブな受け止め方をする人が多いかもしれない。

たしかに多くの日本人の感覚からすると、承認は「無形の報酬」であり、ほめてもらうことじたいに価値がある。しかし見方によれば、すでに述べたとおり、ほめるだけで満足させようとするのは「やりがいの搾取」ならぬ「承認欲求の搾取」だという批判を浴びる恐れもある。したがって経済原則に則り、貢献には金銭で報いるべきだというのは、それなりに筋が通っている。

さらに別の見方をするなら、彼らは無意識のうちに「承認欲求の呪縛」を回避しているのかもしれない。

それは、こういうことである。

ほめられただけだと、自分の貢献がどれだけ評価されているかわからない。また、これから何を期待されているのかもわからない。したがって生真面目な人は、相手を裏切らないように期待を青天井に見積もってしまい、その重荷に苦しむ。俗に「ただほど高いものはない」といわれるように、お金を介さないとしばしばしがらみがついてくるものなのだ。実際、ほめられたり期待されたりしてプレッシャーに苦しんだ例の多くがそのパターンである。

ところが、ほめられるとともに賃金が引き上げられたら、その金額分だけ評価されたことになり、金額以上の心理的負担を感じなくてすむ。

つまり、金銭的な報酬が支払われた時点で会社と社員との間にある「負債」は清算されるわけである。社会学者のG・ジンメル（一九七八）が説いているように、金銭には人間を人格的な服従から解放する機能がある。「お金で済ましたほうがサッパリする」というのはそのためだ。

金銭がプレッシャーから解放することを間接的に裏づけた研究がある。イスラエルの託児所では、保護者が預けていた子を迎えにくるのが遅れると、職員がそれを待っていなければならなかった。そこで託児所は、遅刻した保護者に対して罰金を科すことにした。すると遅刻が減るどころか、逆に増加したのである。そして、罰金制を廃止したあとも遅刻は減少しなかった（U. Gneezy and A. Rustichini, 2000）。

この結果を本書の文脈に沿って解釈すると、次のようになる。

保護者が時刻までに迎えにきてくれると職員が期待しているので、その期待に応えなければならない。罰金が科されるまで、保護者の心のなかにはこのようなプレッシャーがあったはずだ。ところが罰金が科されたことによって、職員がそのような期待はしていないということがわかった。そのため罰金制を廃止しても、プレッシャーを感じなくなったわけである。

金銭がもつこのような力を考慮すると、本書でこれまで取りあげてきた問題や失敗事例の多くは、金銭をうまく使えば解決できる（できた）可能性があることがわかる。

まず、上司や周りの目を意識して帰りにくい、あるいは有給休暇が取りにくいという問題について考えてみよう。

前章で述べたように、私はこの問題の背景に、超過勤務手当の割増率が他国に比べて低いこと、それに未消化の休暇を会社が買い取ることが認められていないことがあると考えている。

他国に比べて低い割増率のもとでは、残業することが会社に対する貢献、もしくは忠誠の証と受け取られ、有給休暇を取得しないことも同様の意味をもつ。そのため貢献や忠誠を認めてもらうためには残業し、休暇を残さざるをえないわけである。

したがってムダな残業を減らし、休暇の取得を促進するには、他国のように超過勤務手当の割増率を高くし、残した休暇は会社が買い取るようにすればよい。

そうすれば残業することや休暇を残すことは会社に対する貢献、忠誠の証とは認めてもらえなくなり、むしろ会社に損失を与えているという見方をされる。会社ももっと本気で残業を減らし、休暇を取らせようとするだろう。そうなると社員も上司や同僚に気兼ねなく職場をあとにし、休暇を遠慮せず取得できるわけである。

「承認人」を前提に政策の転換を！

にもかかわらず現実に政策の転換ができないのは、政治や行政が前提にしている人間像と、現実の人間像との間にズレがあるからだと私は考えている。

政治や行政が想定しているのは、少しでも効率的に金銭的報酬を獲得しようと行動する「経済人」である。経済人仮説に立つ以上、超過勤務手当の割増率を上げれば社員はいっそう残業しようとするだろうし、残した有休を買い取るようにしたらいっそう休暇を取らなくなる。そういう結論になるのはもっともだ。

しかし日本人、とりわけ現代における日本の組織で働く人の多くは、お金よりも認められることを重視する「承認人」（太田 二〇〇七（a）、二〇〇七（b））である。「承認人」はしばしば経済的損失と引き替えに承認を得ようとする。お金より名誉のほうが大切なのだ。そのため「経済人」とは真逆の行動をとることがある。

それを考えたら、承認と引き替えにわざと経済的損失をこうむるような行為をさせないこと、すなわち経済原則を徹底し、会社との間に「貸し借り」をなくさせることで「承認欲求の呪縛」から働く人を解放できるはずである。

ただし、呪縛は会社や上司からだけではなく、同僚からも受けていることを忘れてはならない。とくに日本人は仲間からの承認を重視するので、同僚から認めてもらうため、あるいは迷惑をかけないために残業し、休暇の取得をためらっている人が少なくない。

したがって割増率の引き上げや、残した休暇の買い上げを制度化すると同時に、個人の仕事の分担を明確にする必要がある。そうすれば会社だけでなく同僚に対しても、余分な気兼ねをしなくてもよくなるはずだ。実際に個人の職務が明確に定められている欧米などでは「同僚が残っているから帰りにくい」とか「休みにくい」といった声はほとんど聞かれない。

いわゆる識者のなかには、日本人が欧米人に比べて周りに気を遣うのは「文化の違いだ」という人もいる。たしかに「帰りにくい」「休みにくい」のは、周りと共同歩調をとることをよしとする日本文化の影響もあるだろう。

しかし同じ日本でも、フリーランスの人がプロジェクトチームに参加している場合には、自分の役割を果たすとためらわずに帰る。そして彼ら自身も、フリーランスになったメリットとして、周囲に余分な気遣いをしなくてもよくなったことをしばしば口にする。したがって、たとえ文化の違いがあるにしても、それと同等かそれ以上に制度の問題が大きいといえよう。

もっとも、実際に仕事の分担を明確にするためにはハードルも多い。それでも金銭的なインセンティブを使えば、周囲からのプレッシャーを軽減することはできるはずだ。たとえば社員が育児休暇や介護休暇を取る際、同僚にしわ寄せが生じることを気兼ねして取得をためらう人が少なくない。そこで、職場のだれかが休暇を取得した場合、カバーする人に手当がつく制度を取り入れておけば気兼ねなく休めるはずだ。

毒にも、薬にもなる賞金

ところで、「金銭を用いればしがらみを断てるというが、先に取りあげた病院の事例ではMVPに賞金を与えたらプレッシャーで職員が辞めていったではないか」という反論があるかもしれない。

しかし、それは矛盾しない。病院の事例では、かなり高額の賞金が贈られたことを思い出してほしい。賞金の額が大きかったため、業績への対価としての性格をもたなかったのではないか。少なくとも受賞者本人、ならびに周囲の人たちは成し遂げた業績や貢献に釣り合わないと受け止めた可能性が高い。割増率の低い超過勤務手当が、残業に対する正当な対価とは必ずしも見なされないのと方向は逆だが、理屈は同じである。

しかも賞金が院長の裁量によって与えられていたので、「認知された期待」はいっそう大きなものだったに違いない。つまり、MVP受賞者にとっては金銭的報酬が負担を軽減するどころか、さらなる重みとなったのだろう。

したがって過剰なプレッシャーを避けようとするなら、まず賞金の額を妥当と受け止められる水準まで引き下げること。そして受賞者を決めるプロセスは公平性、客観性を高める必要がある。たとえば、あらかじめ業績ごとにポイントを決めておいて積算し、最上位の者を表彰するとか、選考委員会で審議して決定するといった方法がある。そうすれば受賞者は無用なプレッシャーを感じずにすんだかもしれない。

希望降格制度の効用

「金銭でしがらみを断つ」というところに話を戻せば、貢献度や業績に応じて金銭的な報酬を支払うのは、いわゆる「成果主義」である。成果主義といえば「馬の鼻先にニンジンをぶら下げて競走させる」といったイメージが根強い。一方、個人の側からみると、成果主義にはがんばって成果をあげれば大きな報酬を獲得できる制度だというイメージがある。どちらの側からみても、金銭そのものが大手を振って歩いている印象はぬぐえない。

しかし本来の成果主義には、その裏返しといえる面もあることに注目してほしい。純粋な成果主義のもとでは、自ら成果を落として、それに応じた報酬を受け取る自由も含まれているのだ。

タクシーの運転手や、歩合制で働く保険会社・証券会社の外務員などがその典型である。実際、タクシー運転手のなかには、高給も高い評価もいらないので、のんびりマイペースで働いているという人もいる。もっと極端な例は自営業であり、究極の「成果主義」で生活している自営業者は稼ぐのも、休むのも自由だ。

要するに、純粋な成果主義に近い報酬制度を取り入れることができれば、期待の重荷から解放されるはずである。

「階段」や「スロープ」のたとえは役職についても当てはまる。

わが国特有の制度である年功制のもとでは、年齢や勤続年数とともに給与だけでなく役職も上がっていく。つまり実力とはあまり関係なしに「偉く」なるのである。そして、いったん昇進すると、よほどのことがないかぎり地位が下がることはない。そのため、なかには役職に就いたものの職責を果たし、期待に応えることができず苦しむケースがある。いわゆる「昇進うつ」にかかる人が多い実態も明らかになっている。

そこで重荷を軽くする効果を期待できるのが、一部の官公庁や公立学校などで採用されている希望降格制度である。当然ながら役職を降りても働き続けられるわけだし、自発的な降格であれば承認を剥奪されたという屈辱感も味わわなくてすむ。前述したように、自己効力感に見合う水準まで期待を下げる「階段」をつけてやるわけである。

なお組織の側からしても、自発的な降格という道があれば、本人の将来を不安視せず実績がない若手でも思い切って昇格させることができる。

もちろん降格させるだけでなく、再度昇格させる道も必要だ。かりに期待したような働きができなくても、その原因が能力や適性の不足ではなく、精神的、肉体的な問題によるスランプにすぎない場合がある。

そもそも仕事内容や環境の変化が激しいポスト工業社会では、能力や貢献度も変動しやすい。花田光世《みつよ》（一九八七）が明らかにしているように、これまで日本企業の人事制度は敗者復活の機会が乏しいトーナメント型に近かったが、これからは敗者復活の容易な人事制度に切り替えていかなければならない。

三　自己効力感を高め、組織への依存を小さくするには

自己効力感を高めるのに不可欠な「異質性」

ここまで「認知された期待」を適正な水準まで下げる方法について述べてきた。それ

が「承認欲求の呪縛」から逃れるための一番目のカギだとすると、二番目のカギは「自己効力感」のアップ、すなわち期待に応えられる自信をつけることである。

そこで、次に自己効力感を高めるにはどうすればよいかを考えてみよう。

第一章で紹介したとおり、多くの研究や調査から日本人は子どもから大人まで自己効力感が低いことが明らかになっている。期待に応えられる自信が欠如していることが、期待のプレッシャーを大きくする一因になっているのだ。

なぜ日本人は自己効力感が低いのか?

自己効力感、すなわち「やればできる」という自信をつけるのに最も大切なものは成功体験である。その成功体験をする機会が乏しいことが自己効力感を抱けない一因だと考えられる。

背景にあるのは、やはり社会や組織の構造だろう。「風が吹けば桶屋《おけや》がもうかる」式の因果関係が乏しい話だと思われるかもしれないが、次のような地政学的、民族学的、人口動態学的要因も無視できない。

わが国は島国であり、昔から人の出入りが比較的少ない。民族的にも欧米などと比べるとはるかに多様性が低い。そのうえ少子化で人口の増加が止まり、経済成長も頭打ちの状態だ。そのため社会が「ゼロサム」、たとえていうと一つのパイの分け前をめぐってみんなで争うような構造になっている。その間にグローバル化が進んだとはいえ、全体としてはゼロサム構造がいちだんと鮮明になっているといえよう。

そして組織のなかでは、いっそうゼロサム構造がはっきりしている。

会社や役所のなかでは部長、課長といった役職の数はかぎられている。そのため、だれかが部長になればほかの人は部長になるチャンスが減る。人事評価も相対評価なので、みんながかんばって成果をあげても、だれかが高い評価を受けるとほかの人は高い評価を受けるチャンスが減る。しかも組織のスリム化、フラット化によって役職ポストそのものが削減される傾向にある。

このようなゼロサム構造のもとでは、だれかが活躍するとほかの人がしわ寄せを受けるので、必然的に「出る杭を打つ」体質の風土になりやすい。したがって自分から挑戦し、成功体験を積む機会が乏しいのである。

では、このようなゼロサム型の組織や社会で成功体験を積ませるには、どうすればよいか。

それは周囲との競合を避けることである。閉ざされた組織のなかでも、一人ひとりの目標やキャリアが競合しなければ、他人の足を引っぱる動機は生まれない。組織のなかで出世したい人、専門職を目指す人、ゆとりある生活を送りたい人など、それぞれが自分の道を歩めばよいからだ。

その点、近年盛んに唱えられている「ダイバーシティ」、すなわち性別や国籍、それに経歴、専門、年齢、価値観などが異なる人たちを混在させることは、一人ひとりに前向きな挑戦を促し、成功を讃え合う組織風土をつくるうえでも効果があるといえよう。

ダイバーシティには別の効果も期待できる。スポーツの国際大会などを見ていると、日本チームは一人が失敗すると将棋倒しのように次々と失敗するケースが多い。それはメンバーが同質的で、濃い空気を共有しているからだと考えられる。逆にメンバーの異質性が高ければ、連鎖的に「承認欲求の呪縛」に陥るのを防げる。「空気を読まない」のには、そういうメリットもあるのだ。

個人の立場でも実行できる対策は、周囲と同一次元で勝負しないことである。

そのためには現在の職場で目標やキャリアを周囲からずらすという方法もあるが、実際には競合するライバルが少ない職場を選んで就職、転職するほうが成功するケースが多いようである。

仕事の面においても、これからはいっそう「オンリーワン」を目指すほうが成功の確率が高くなる。ＡＩに象徴される高度ＩＴ社会では、オリジナルなものからのみ価値が生まれるからである。

実力、業績を知るための正しいフィードバックを

しかし、たとえ何かに挑戦し、成功を遂げたとしても、その成功に値打ちがあること、そして自分の力によるものだということを実感できなければ、自己効力感にはつながらない。

波多野《はたの》誼余夫《ぎよお》・稲垣佳世子（一九八一）によると、同じ自己効力感でも、アメリカでは能力の高さを示す外的な成功によって得られるのに対し、わが国では単に達成するだけでなく、それが承認されなければならない。

にもかかわらず、日本人は欧米人などに比べて承認される機会が少ないのが現実だ。

たとえばＧＥＷＥＬというＮＰＯが二〇〇九年に行った「ビジネスパーソンの働く意識調査」によると、「仕事上のことで、上司や同僚が自分の意見に耳を傾けてくれる」「仕事が済んだ時に上司や同僚からねぎらいや感謝の言葉をもらう」という日本人は、アメ

リカ人に比べて少ない。おそらく前述した「ゼロサム」構造とも関係しているのではなかろうか。

いずれにしても日本人の自己効力感が低いのは、承認が不足しているところにも原因があるといえそうだ。そこからくるプレッシャーが数々の個人的・社会的な問題を引き起こしているとしたら、事は重大である。

それだけ意識的に認めたり、ほめたりすることが大切なわけである。実際に、第一章で示したとおり認められると自己効力感が高まることが明らかになっている。しかし一方では、これまでに紹介した数々の事例からも、認め方、ほめ方によっては「認知された期待」も高めてしまうことが懸念される。

吉寿屋における社員表彰の例や、すでに説明した金銭的な報酬の効果からもわかるように、余分なプレッシャーを与えないためには「これ以上でも、これ以下でもない」とわからせることがポイントである。

そもそも承認は鏡にたとえられるように、本人が自分では十分わからないところについて正しいフィードバックを送ることが目的である。したがって、できるかぎり客観的な指標や具体的な事実に基づいて認めたり、ほめたりすることが大切なのだ。

たとえば同じほめるにしても、「君の仕事ぶりはすばらしい」とほめるより、「君の考えた文書整理の方法を、隣の部署でも取り入れたらしい」とか、「お客さんに対して正直に事実を伝えるところが信頼につながっている」というように、どこがよいのかを具体的に伝える。

ちなみに第一章で紹介した承認の研究プロジェクトでも、管理職や教師に対し、できるだけ具体的・客観的な事実に基づいて認めたり、ほめたりするようにあらかじめ依頼した。

ところで、承認の目的が事実のフィードバックにあるという原点に立てば、必ずしも言葉を介する必要はない。ときには数字や事実を示すだけでよいし、客や関係者から認められる機会を与えてやるという方法もある。

とくに効果的なのは、自分の名を出して仕事をさせることだ。名前を出すことによって、製品やサービスに対する顧客の評価が直接本人に返ってくるようになる。ある機械メーカーでは機械の組み立てを丸ごと一人に任せ、製品には製作者の名前を入れて出荷するようにした。すると社員のモチベーションが目に見えて高くなり、若手の離職者がゼロになったそうである。社内外に発表する文書を原則として署名入りにするとか、仕事上のアイデアについては発案者の名前を明示するといった方法もある。

さらにいえば、タテ、ヨコ、ナナメ、そして組織内外のコミュニケーションが豊かであれば、それだけでも自分の実力や貢献、立ち位置も自ずと理解できるはずだ。

効果的な「ほめ方」とは

ただ、教育の場などにおいて長期的な効果を期待する場合には、抽象的な承認が必要になる場合もある。そこで避けて通れない問題が、第二章で触れた「能力（あるいは成果）をほめるか、努力をほめるか」である。

すでに述べたように能力をほめられると、失敗して自分の能力に対する評価が下がり、自信を失うことを恐れ、リスクをともなうことに挑戦しなくなる可能性がある。あるいは、逆に慢心して努力しなくなる場合もある。

一方で努力をほめると、いっそうがんばらないといけないというプレッシャーが本人を追い込んでしまったり、効率性を度外視したがむしゃらな努力に駆り立てたりするリスクがある。また、とくに日本人の自己効力感や自己肯定感が低いことを考えれば、意識的に能力をほめることが必要だともいえる。

それでは結論として、どこを、どのようにほめたらよいのか？

その答えは、具体的な根拠を示しながら潜在能力をほめることである。潜在能力をほめることは、「やればできる」という自信をつける。すなわち自己効力感に直接働きかけることを意味する。すでに述べたように自己効力感が高まれば挑戦意欲がわく。かりに成果があがらなくても、潜在能力に自信があれば、成果があがらないのは努力の質か量に問題があるからだと受け止められる。そして、改善への努力を促すことができる。

いささかテクニカルな話になるが、そのための方法をいくつか紹介しておこう。

第一に、友人や顧客からの声など第三者の評価を伝えることによって、受け取る側からすると信憑性が高くなる。第一章で紹介した生協職員のエピソードなどは、その好例である。

第二に、何が賞賛に値するかをできるだけ文章にして具体的に示す。たとえば表彰する場合も、賞状には通り一遍の文言ではなく、理由を詳細に記述したほうがよい。またカードやスマートフォンのアプリを使って、ほめ言葉や感謝の言葉を伝える仕組みを取り入れている会社もある。口に出すのが照れくさい場合に使えるといったメリットもあるようだ。

第三に、「昨年はできなかった○○が今年はできるようになった」というように、進歩の度合を客観的に理解できる指標を示す。他人と比較するより、過去の自分と比較するほうが成長の実感が得られやすい場合がある。

第四に、ふだんはできないことがたまたまできたときなど、例外的な事象に注目する。とくにほめるところを見つけにくい場合に使える方法である。

なお詳細について関心のある方は、拙著『認め上手』などを参照していただきたい。

フォロワーからの承認を引き出す仕組みも

ところで、もう一つ付け加えておきたいことがある。承認はリーダーからフォロワーへ、あるいは対等な関係で行われるとはかぎらず、フォロワーからリーダーへの承認もある。そのためリーダーの側も「承認欲求の呪縛」に陥る場合があるのだ。

すでに述べたようにスポーツの指導者や会社の上司、学校の教師などによる暴力やパワハラの背景には、選手、部下、生徒たちからの承認に依存する指導者、上司、教師の欲求不満がしばしば垣間見える。また病院の看護師や介護施設の職員などがバーンアウトしやすいのも、患者や入居者からの承認が得られにくいのが一因だと考えられる。

だとしたらフォロワー、すなわち指導・教育やサービスを受ける側から主体的にリーダーを承認することを考えてもよいのではないか。右にあげた例などは、いずれもリーダーとフォロワーの関係がかなりの期間持続する。したがってフォロワーも巻き込みながら、相互に認めたり、感謝の意を伝えたりするような関係性を築く取り組みができそうな気がする。ここでもカードやアプリなどが効果を発揮するかもしれない。

成功体験＋承認で成果をあげた中学校

自己効力感を高める方法についての話を締めくくるにあたり、ぜひ紹介しておきたい事例がある。見方によれば成功体験をさせるとともに、それを上から下、下から上へ承認するというすべてをミックスしたような方法だ。

二〇〇〇年代の初頭、「荒れる中学」が社会問題になっていた。京都市立K中学校も例に漏れず、イジメや校内暴力が後を絶たなかった。また不登校者の割合も全国平均をはるかに上回っていた。

そして調査をすると、生徒の自己肯定感や自尊感情をあらわす「私は自分が好き」「私には良いところがある」「クラスの人の役に立つことができる」という項目は値がとても低かった。そこで、この中学校では地域にある七つの保育園と連携して、生徒たちの自己肯定感や自尊感情を高めるプロジェクトに取りかかった。

生徒たちは、どうすれば園児たちを楽しませたり役立ったりできるかを計画し、それを自分たちで実践する。たとえば園児を学校へ連れてきて一緒に土地を耕して芋を植え、芋が育ったら一緒に収穫する。そのための準備も自分たちが主体的に行った。さらに学区内の小学校もこの活動に巻き込み、小中学校の九年間にわたる取り組みをはじめた。

活動を行うに当たっては教師が生徒に必要な情報を与えたり、必要な時間、場所、資金を提供したりするなど側面からサポートする。そして生徒が活動したら教師、園児の保護者、地域の人たちが四方八方からほめるようにしている。当然ながら生徒は園児からも頼りにされ、感謝される。

活動を続けるうちに自己肯定感や自尊感情をあらわす右記項目の値が上がるなど、徐々に変化があらわれてきた。そしてK中学校ではイジメや不登校も大幅に減少し、並行して学力も上昇していった。

なお、ここでいう自己肯定感や自尊感情は自己効力感と類似した概念であり、自己効力感に置き換えても大きな問題はない。そして、このプロジェクトは学校だけでなく、職場などにも応用できるはずである。実際に企業や役所では、先輩が後輩に仕事や生活面の指導をする「メンター制度」を取り入れると、メンターである先輩の側が自信をつけ、目にみえて成長するといわれる。

他人のために役立った、そして認められたという経験は、それだけ大きな自信につながるわけである。成功体験に裏打ちされた自信があれば、期待に潰されにくくなるのは確かだろう。

四　問題を相対化するには

白鵬を楽にさせた王貞治からの助言

呪縛を解くための三番目のカギは「問題の重要性」を下げることである。

期待に応える自信がないとき、「これしかない」「ここから逃れられない」と思うほどプレッシャーは大きくなる。逆に「ほかにも大事なものがある」「逃げ場がある」と思えばプレッシャーは小さくなる。言い替えるなら、問題を相対化できるかどうかである。

そこで、どうすれば問題を相対化できるか考えてみよう。

次のようなエピソードがある。

大相撲で幕内最高優勝四一回（二〇一九年一月現在）を誇る、史上最強といってもよい大横綱の白鵬《はくほう》。その白鵬も数年前、大鵬が持っていた三二回の優勝記録を前にしたときは大きなプレッシャーを感じていた。そのとき白鵬は、彼が尊敬する王貞治ソフトバンクホークス会長から「三二回と考えるのではなく、三五回、四〇回と考えたら楽になる」と助言されたそうだ。それが心の支えになり、余裕をもって自分の相撲が取れるようになったという。

このエピソードが物語るように、目の前の目標よりはるか先に目標を置くことによって、目の前の目標を相対化すればよい。おそらく王会長自身、現役時代には手が届かないほど大きな目標を抱き、それを追求することで結果的に通算八六八本塁打という金字塔を打ち立てたのだろう。

これは勉強や仕事、そのほか日常生活にも通じる話である。

大学受験などに直面すると、だれでもプレッシャーを感じる。とくに周囲の期待が大きい場合はなおさらだ。そして「絶対に合格しなければならない」と意識すれば、ますますプレッシャーが大きくなる。逆に、偉大な科学者になるとか、理想の会社をつくるといった将来の夢を持てば、そこへ到る道筋は一つではないことがわかってくるし、受験だって何度でもチャレンジすればよいという大きな気持ちになれる。すると結果的に受験のプレッシャーは軽くなる。

また仕事でも大きな志を抱けば、失敗して上司の期待を裏切り、評価が多少下がるくらいのことなど気にしなくなるだろう。

「大きな夢を持て」とか「大志を抱け」という言葉がこれだけ世間に流布しているのには、このような理由もあるのではないか。

ところで、前述した白鵬のエピソードのなかには、もう一つ注目したい点がある。それは、白鵬が不安な心境を王会長に吐露したと思われるところだ。マスコミに対しても彼は、自分がプレッシャーと戦っていることを正直に語っていた。こうして自分の弱みを見せることによって周囲の期待を下げられるし、失敗したときに体面を保つこともできる。「白鵬も人間だ」とわかってもらえるからである。

このように自己開示には期待の重荷を下ろし、「承認欲求の呪縛」を解く効果がある。自己開示が心理的な負担を取り除くための第一歩だといわれるのもそのためだ。

「失敗体験」の大切さ

自己開示は、自分の弱みも包み隠さず見せることである。そして逆説的にいうと、弱みを見せれば恐れを抱かなくてもよいので強くなる。その意味でも大切なのが「失敗体験」である。

スポーツでも他の勝負事でも、まさかと思われていた人が負けることがある。しかも一度にとどまらず、二度、三度と負け続ける場合がある。後のインタビューで、そのとき精神的に追いつめられていたと知り、驚かされることが少なくない。

勝ち続けている人に対して周囲の期待は当然大きくなる。ときには「不敗神話」まで生まれる。一方、本人には「いつか負けるのではないか」という不安が募りだす。しかも負けた経験が乏しいので、負けたときのふるまい方を知らないし、自分がどうなるかわからないという恐怖もある。それが自分を追い込んでしまい、さらなる敗北につながりかねない。また敗北から立ち直る術も身につけていないので、すっかり自信を喪失してしまうことがある。

前章で取りあげた「エリート」の弱みも、原因の一つはそこにあると考えられる。彼らは受験、就職などにおいて挫折した経験が乏しいので、失敗の不安を抱きやすいし、失敗したときの挫折感も大きい。

教育の世界でも人材育成においても、これまで「成功体験」の大切さばかりが強調されてきた。たしかに自信をつけるのに成功体験は大切だが、一方で「失敗体験」を積んでおくことも必要である。そのためにはいくら実力がついても、失敗するリスクをともなう高い目標にチャレンジし続ける姿勢を忘れてはいけない。

連覇の重圧を克服する「楽しさ」――帝京大ラグビー部、岩出監督

ただ、自分の努力だけでプレッシャーを軽くし、呪縛を解こうとしても限界がある。期待のプレッシャーをかけているのは多くの場合、親や教師、上司などであるし、彼らはプレッシャーをある程度は取り除くことができる立場にいる。そこでリーダーが、フォロワーのためにできることは何かを考えてみよう。

帝京大学のラグビーチームは二〇一八年まで、大学選手権で前人未踏の九連覇を続けた。卒業によって毎年メンバーが入れ替わる学生スポーツで、九年間も勝ち続けたのは驚異的だ。

当然ながらライバル校は「打倒帝京大」を目標に挑戦してくる。一方で連覇のプレッ

シャーは選手たちの肩に重くのしかかってくる。そのなかで勝ち続けるには、「守り」に入らず、「攻め」の姿勢を貫かなければならない。それには、絶えず変化し続けることが求められる。

岩出《いわで》雅之監督が強く意識するのは、常にイノベーションを起こせる風土、空気感、文化の必要性だ。そして、指導者はメンバー自身が「変わりたい」と思えるような環境をつくってやるべきだと説く（岩出　二〇一八）。たまたま岩出監督と対談したとき、彼は大学選手権に勝つことを超えるチームの目標として、「楽しさ」を追求するようにしていると語った。

連覇に代わる目標として「楽しむ」ことを追求するのは、連覇のプレッシャーを克服する戦略としても理にかなっているといえそうだ。

連覇を目標にすると、周囲からの期待をまともに受け止めてしまう。いちばんの注目校だけに、対抗戦や練習試合の勝敗や戦いぶりに対する批評もたくさん耳に入ってくるだろう。また、連覇を意識したら自ずと受け身になり、プレーに対する集中力がそがれる。そうなると最高のパフォーマンスを発揮することはできない。

一方、「楽しさ」は連覇とは異次元のものである。しかも周囲の期待や評価と無関係だ。いや、正確にいうと第二章でも触れたようにまったく無関係ではないが、期待され、評価されると楽しくなることはあっても、楽しんだら期待を強く意識するようになるわけではない。そして「楽しむ」ことに意識が向けば、そのぶん連覇を意識しなくなる。

したがって「楽しむ」ことを徹底できれば、「承認欲求の呪縛」に陥らなくてもすむはずである。

「楽しむ」ことの効用はそれだけではない。心理学者のM・チクセントミハイ（一九九六）によれば、人間は一つの活動に没入している「フロー」状態のときに潜在能力が最大限に発揮される。「楽しい」とは、そのフロー状態なのだ。

わが国のリーダーには、勉強でも仕事でも刻苦勉励することをよしとし、「楽しむ」のは真剣さがたりない証拠だと考えている人がまだ少なくない。しかし、本気で「楽しむ」ことはふざけたり、サボったりすることではない。逆に最も集中していて、生産的な状態なのである。

「男性でないと……」「女性のほうが……」は錯覚

問題を相対化する有効な方法がもう一つある。

少し回り道になるが、ここで身近なエピソードを紹介したい。

私はかつて、子どもが通う私立幼稚園でＰＴＡの会長を務めたことがある。役員はもちろん、園長や教員を含め女性ばかりで、男性は私一人だった。聞くところによると、会長が男性でないと物事が円滑に進まないそうだ。ＰＴＡにかぎらず町内会などでも慣行上、会長は男性になっているところがいまでも珍しくない。「やっぱり男性でないと決断ができないから」といった問題発言（？）もあちこちから聞こえてくる。

しかし職場ではまったく逆の声も聞かれる。たまたま乗り合わせたタクシーの男性運転手は、「最近、女性の運転手が増えてきて、彼女らが会社に対し言いにくいことを言ってくれるので助かる」と語っていた。パートの女性を店長に据えているある生協では、ムダだとわかっていたのにだれも口に出せなかった仕事を、女性店長がバッサリ削ったので、残業がなくなり職員の定着率も上がったという。

要するに「男性でないと……」「女性のほうが……」というのは錯覚なのだ。ほんとうは準拠集団、言い替えればその人にとって大切な「世間」の違いによるところが大きい。私がＰＴＡ会長をしていた当時、他の役員も会員も大半が専業主婦だった。だから役員も会員もママ友どうしであり、ＰＴＡは彼女らにとって大切な世間である。そこで認めてもらうためには、角が立つような発言はできない。

一方、私にとってPTA活動は、失礼ながら「片手間」の仕事である。そこで認めてもらわなくてもよいので、思いきったことが言えるし、反発を恐れずに改革もできる。それだけの違いなのだ。もっとも周りから持ち上げられているうちに、少しずつ「期待を裏切ってはいけない」「評価を下げてはいけない」という気持ちが芽生え、「承認欲求の呪縛」を感じるようになったが。

女性のタクシー運転手やパート店長のケースは、この裏返しである。彼女らにはおそらく家庭という大事な居場所がある。少なくとも「仕事一本」の男性とは気持ちの持ち方が違うはずだ。だからこそ職場では周りの空気をそれほど意識せず、正しいと思ったことを実行できるのだろう。PTAでは周りを気にして何も言えなかった女性が、勤めに出たら、引っ込み思案の男性を尻目にリーダーシップを発揮することだってある。

したがって大事な世間がその場にあるか外にあるか、言い換えれば別の大切な世界を持っているかどうかの違いに過ぎないことがわかる。

これまで強調してきたように、わが国では学校にしても職場にしても共同体的な性格が強い。個人にとっては、その共同体のなかで認められることが重要な意味をもっている。それだけ所属する組織や集団への依存度が高いわけである。

したがって、組織や集団への依存度を下げれば、たとえ「認知された期待」と「自己効力感」のギャップが大きくても、強いプレッシャーを感じなくてすむわけである。

「もう一つの世界」をもつ

先の例からもわかるように、依存度を下げるのに最も有効なのは、「もう一つの世界」をもつことである。

最近はサラリーマンでも本業とは別の名刺を持ち歩く人が増えてきた。平日の終業後、あるいは週末を利用してNPO（民間非営利組織）やボランティアで活動し、そこに生きがいを見出している人が少なくない。

さらに追い風も吹いている。政府は「働き方改革」の一環で副業を推進しており、それを受けて企業、官庁ともに副業を容認する動きが少しずつでてきた。その点では所属組織の外でも生きがいや達成感、そして承認欲求を満たす場が得られやすくなるのではなかろうか。そうなると労働市場にも影響が及ぶだろう。

わが国では、転職や独立をする人の比率が諸外国に比べて顕著に低い。年功制や退職金・年金などの制度上、中途で辞めることが不利になるからという理由もあるが、それだけではない。やはり唯一の準拠集団である、いまの会社・職場から切り離されることが不安なのである。

ところが副業などでもう一つの帰属先をもてば、その不安は小さくなる。実際に副業から独立・起業というキャリアをたどる人は少なくない。

大学でも大学院生のなかには会社や役所に籍を置く社会人院生が増えており、分野によっては社会人院生がむしろ多数派になっている。大学院生のなかには「承認欲求の呪縛」によって脱落する者が少なくないと述べたが、会社や役所という「もう一つの世界」をもつ社会人院生は、そうしたリスクが低い。そして大学院に通ったことをきっかけに、他社や大学などに転職するケースも多い。

高校以下の学校に通う生徒についても同じことがいえる。学校という共同体に一〇〇%帰属するより、校外のクラブや塾などに所属するか、あるいはSNSなどで外部の人たちとネットワークを築いておくほうが呪縛に陥らずにすむだろう。また国内外を問わず留学経験をして外の世界を知っておくことも、現在自分が置かれている立場を相対化して考えるのに役立つはずだ。

「ＳＮＳ依存症」はリアルな世界で解決を

ところで近年問題になっている「ＳＮＳ依存症」は、逆にリアルな世界を充実させることで解決につながる場合がある。

「まえがき」で紹介した、ネットで賞賛された自分のスリムな体型を維持するため摂食障害になった例について考えてみよう。おそらく彼女たちにとって、ネットの世界が圧倒的に重要なコミュニティだったのだろう。現実の世界から逃避し、ネットの世界に自分の居場所を求めていた可能性もある。

もし彼女たちがネットに負けないほど重要な現実の世界をもっていて、そこで「健康的なボディのほうがステキ」と言われたら無理なダイエットに歯止めが掛かったのではなかろうか。

自ら暴走運転や奇行をしてネットに投稿するような行為も、リアルな世界で認められていたらあえてリスクを冒そうとまではしなかったかもしれない。

要するにネットというバーチャルな世界と、リアルな世界とが代替する、あるいは補い合う関係になればよいわけである。

その意味では、二つの世界がかぶらないことが大切だ。学校で問題になっているSNSによるイジメなどは、たいていがクラスの仲間など同級生か、あるいは学校の先輩・後輩の間で起きている。かりにSNSが学校と無関係ならイジメはおきなかっただろうし、たとえいじめられてもリアルな世界に戻ればよかったのではないか。

もっとも、リアルな世界に居場所が見いだせないからこそ、ネットの世界にそれを求めた人が多いのは事実だ。それなら、せめて複数のSNSを使い分けるようにすれば、「承認欲求の呪縛」を軽減できるはずだ。ちなみに要領のよい若者は、匿名で複数のアカウントを使い、異なるキャラを演じている。

SNSは青少年を非行に導くなど、別のリスクも潜んでいるが、だからといってSNSの利用を禁止するのではなく、学校や家庭では身を守る方法や正しい使い方を教えておけばよい。

組織による囲い込みはむしろマイナスに

しかし組織の側からすると、逆にメンバーの準拠集団（大事な世間）を内部にとどめておくほうが都合がよい。周囲の目を意識するのでわがままな行動は抑制されるし、逃げ場所がないので少々の無理難題でも聞いてくれる。そもそも一〇〇%忠誠を尽くしてくれる者はかわいい。

そうした理由から、多くの組織はメンバーが「もう一つの世界」をもつことを嫌ってきたといってよい。

たとえば政府による副業推進の掛け声とは裏腹に、労働政策研究・研修機構が二〇一八年二月〜三月に行った調査では七五・八%の企業が「副業・兼業を許可する予定はない」と答えている。多くの企業が新卒採用にこだわるのも、女性や外国人の活用に消極的なのも、ことさらに家族主義的な経営を誇るのも、本音はそこにあるのだろう。

またPTAや町内会の閉鎖性、硬直性が批判されながら改革が遅々として進まないのも、上層部に根強い反対が存在するからである。

批判的な見方をするならば、組織の側が「承認欲求の呪縛」を利用してきたといえるかもしれない。

ところが近年、その弊害がいたるところにあらわれてきた。

日本企業では大きなイノベーションや画期的な新製品が生まれず、労働生産性や利益率は欧米に大きく水をあけられている。優秀な人材のなかには家族的だが真綿で首を絞められるような風土を嫌い、新興のIT企業や外国企業を目指す者が増えている。PTAや町内会のなかには、加入者が減って組織の存続さえ危うくなっているところもある。

そして、その弊害が一気に表面化したのが、一昨年（二〇一七年）からあいついで発覚し、大きな社会問題になった官庁や大企業の不祥事、それにスポーツ界のパワハラや暴力などである。

これらが「承認欲求の呪縛」と無関係ではないとしたら、呪縛をもたらす共同体型組織そのものにいよいよメスを入れなければならなくなったといえよう。

五　組織不祥事をなくすには

決め手は一人ひとりのプロ化

最後に、これまでの論点を念頭に置きながら、前章で取りあげた官庁や大企業の不祥事について対策を考えてみよう。

官僚や大企業のエリート社員によって次から次へと引き起こされる組織不祥事。すでに述べたとおり、多くの不祥事には「承認欲求の呪縛」が深く関わっていると考えられる。彼らが置かれている状況として、高い「認知された期待」と低い「仕事に対する自己効力感」のギャップ、そして共同体への強い依存（問題の重視）がある。つまり呪縛をもたらす条件がそろっているのだ。

周囲からの期待に応えなければならないという意識が強いにもかかわらず、仕事を成し遂げる能力には自信がもてない。そのため、どうしても職場という閉ざされた世界における上司の評価に依存する。その結果、やむなく不正に手を染めてしまうケースが多いのである。

そしてもう一つ、共同体型組織には不正を誘発する特徴がある。それは匿名主義、すなわち個人の顔が見えないということだ。

共同体型組織では「仕事は組織でするもの」という建前があるので、個人の権限と責任はあいまいなうえ、基本的に個人の名が表に出ることがない。そのため一人ひとりのメンバーは内部の目、内部の評価を気にする一方、外部の目、外部の評価は気にする必要がない。そのことが社会の常識や利益を犠牲にしてでも同僚や上司におもねる行動を生みやすい。

こうした問題を一挙に解決する方法はないのか？

ある。メンバーの「プロ化」、すなわち組織をプロフェッショナルの集団に変えればよい。なぜ「プロ化」によって問題が解決されるかを説明しよう。

最初にプロフェッショナルとは何かをはっきりさせておきたい。

職業社会学上の「プロフェッショナル」とは医師、弁護士、科学者など、高度な専門知識を用いるとともに公益への奉仕を使命とする職業をいう。ただ、企業その他の組織で働く研究職、一部の技術職、デザイナー、建築士といった職種も、その専門性や能力の汎用性（外部でも通用すること）などの面から、プロフェッショナルに準ずるものとして扱うことができる（太田 一九九三）。ここでは、それらを一括して「プロ」と呼ぶことにしたい。

なお念のために付け加えておくと、プロは専門能力を用いてある程度まとまった仕事をこなすのが普通であり、その点が単にかぎられた領域の仕事だけをこなすだけの「スペシャリスト」と違う点である。

一般にプロは、次のような理由で「承認欲求の呪縛」に陥りにくいと考えられる。

くり返し述べているように、官僚や大企業のエリート社員にとって高い「認知された期待」と低い「仕事における自己効力感」のギャップが大きい。

とくに「仕事における自己効力感」が低くなる原因として、わが国特有の人事制度があることを見逃してはいけない。日本企業の社員、とりわけ事務系ホワイトカラーの場合、学生時代の専門はほとんど考慮せずに採用され、配属される。その後は「ゼネラリスト育成」という建前のもと、数年単位で部署を異動する。もちろん職場で研修を受けたり、経験を積んだりするものの、学生時代から専門の軸に沿ってキャリアを形成する欧米に比べると、はっきり言って「素人」の域を出ない。

公務員についても同様であり、省庁別にキャリアを形成する国家公務員に比べ、まるで百貨店のように多様な業務を抱える都道府県や市町村では、いっそう「素人集団」になりやすい。

いずれにしても誇るべき専門能力がなければ、仕事における自己効力感も低くなり、組織に依存せざるをえない。

だからこそ、呪縛から解放されるためには組織をプロの集団に変えることが必要なのである。

そもそもプロにとって専門能力こそが生命線なので、仕事における自己効力感は高いはずだ。そのため期待とのギャップは小さく、局面によっては期待を上回る貢献ができる。たとえば専門分野では上司より部下のほうが優れた見識を備えている場合がある。また官僚の場合、政策ブレーンとして政治家にアドバイスする立場になれば、実質的には政と官との関係も対等に近くなる。したがって期待をプレッシャーではなく、むしろエネルギーに変えることも可能だろう。

内部通報制度もプロなら使える

共同体への依存度にも大きな差がある。

官僚や大企業の社員にとって組織のなかでの地位は絶対的であり、その地位は上司にどれだけ認められるかにかかっているといっても過言ではない。

それに対してプロの場合、その能力や業績は研究者なら学会、技術者やデザイナーなら業界など、所属組織の枠を超えた専門家社会で評価される。さらにノーベル賞やアカデミー賞、芥川賞・直木賞などが象徴するように、専門家社会での評価が一般社会での地位や評判につながる場合もある。要するに、準拠集団が所属する組織の外に存在するわけである。

そのため上司に取り入る必要はないし、いざとなったら転職すればよい。逆に所属組織に媚びを売ったり、上司に取り入って不正を働いたりすると、専門家社会で淘汰される。もはやプロとして認められなくなるわけである。

この違いのもつ意味は大きい。共同体型組織のなかでは実質上機能しない「内部通報制度」も、プロなら報復を恐れず利用できる。それどころか、組織のエゴより社会的正義を優先することが、プロとしての権威と誇りにつながる場合もある。そして、そのような風土のもとでは組織的不祥事の発生それ自体が抑制されるだろう。

もう一つ忘れてならないのは、前述したとおり共同体型組織の特徴である個人の匿名性が不正を誘発しているという点である。自分の名前が表に出なければ、どうしても無責任になりやすい。

一方、プロは原則として自分の名前を出して仕事をし、一人ひとりが個人として評価される。そのため組織を隠れ蓑にした、あるいは個人の匿名性を悪用した不祥事は起きにくい。だれだって自分の顔に泥を塗られるのはいやだからだ。

もちろんプロも組織の一員として働く以上、組織のなかでも「認められたい」という気持ちはある。しかし「認められねばならない」という切羽詰まった気持ちにはなりにくいのである。

官僚や大企業社員をプロ集団に変えるには

では、どうすれば官僚や大企業の社員をプロの集団に変えることができるだろうか。

厳密な意味でのプロフェッショナルになるためには通常、大学院などで高等教育を受けるか、医師の国家試験や司法試験のような資格試験をパスする必要がある。しかし実務界で活躍するプロの場合、必ずしもそれらは求められない。要は専門的な知識、技術、あるいは経験を用いて高度な問題を解決できる能力が備わっていればよいのである。

したがって、現在働いている人たちをプロに変えることも不可能ではない。

前述したようにプロの条件として「能力の汎用性」、つまりどこの組織でも、あるいは組織に属さなくても通用する能力を身につけていることがあげられる。それを身につけるためにも、また通用することを証明するためにも、一つの組織にずっと留まらないほうがよい。

官庁についていえば、他の省庁はもとより政策部門なら大学やシンクタンクなどを人材が渡り歩くようになるのが理想だ。ただし現在行われているような、本籍を元の職場に残したままの出向などではあまり意味がない。言葉は悪いが一種の「出稼ぎ気分」、すなわち準拠集団が元の組織に留まったままになるからである。

一方、許認可関係やサービス行政などの部門では、国と地方自治体との間でもっと人事交流が増えることが望まれる。

近年、国・地方を問わず公務員を目指す学生や若手職員の間では、旧来の「役人」ではなく「行政のプロ」を目指す傾向が強まっている。ところが、せっかく「行政のプロ」になるという志を抱いていても、数年たつと大半の者が共同体の風土に染まり、典型的な組織人に変わっていくといわれる。裏を返せば、彼らの志を受け止め、活用できる体制さえ用意すれば、プロ集団への移行はさほど難しくないということだ。

大企業も同様である。そもそもグローバル化した市場で勝ち抜くためには、生え抜きによる純血主義や、専門性を犠牲にした「ゼネラリスト育成」にこだわり続けるのはもう限界である。

また、ライバル企業どうしはもちろん、業界、国境を越えた引き抜きもいっそう活発になるだろう。長期的には転職や独立を抑制しているさまざまな制度上の不利益も、改善されることが見込まれるため、転職志向、独立志向もいちだんと強まるはずだ。

したがって企業としては、社員の転職や独立を阻止しようとするのではなく、むしろ人材の流動化を前提にして、企業にとっても個人にとっても転職や独立が損にならないばかりか、むしろプラスになる仕組みを構築すべきである。

たとえば飲食店や小売業のなかには、いわゆる「のれん分け」制度を取り入れ、フランチャイズとして店舗数を拡大している企業が少なくない。海外では社員を積極的に独立させ、独立した企業とアライアンス（連携）を組んでビジネスを拡大するという経営スタイルが普通になっている。

独立できる人材を育てることを看板に掲げ、優れた人材の確保と社員のモチベーション・アップに成功している企業もある。静岡市に本社を置く創業一〇〇年以上の江崎新聞店は、三年間で経営者として自立できるように育てる制度を取り入れたところ、中途退職者が激減したという。

なお詳細について関心のある方は、拙著（太田 二〇一二、二〇一七）などを参照いただきたい。

これまでのような共同体型組織は、遅かれ早かれ崩れていくに違いない。だとしたら、組織にとっても個人にとっても、変化を先取りしてプロ化を図っていくのが得策ではなかろうか。